언니가 들려주는 한국사 이야기

언니가 들려주는 한국사 이야기

펴 낸 날/ 초판1쇄 2024년 11월 30일
글 쓴 이/ 최은서 서영지 박지아 방서희 방소연 이준 정다빈 정윤지
일러스트/ 박가람 정다빈
이 끔 이/ 김영옥 황왕용
감   수/ 서금열

펴 낸 곳/ 도서출판 기역
편   집/ 책마을해리

출판등록/ 2010년 8월 2일(제313-2010-236)
주   소/ 전북 고창군 해리면 월봉성산길 88 책마을해리
             경기도 파주시 회동길 363-8 출판도시
문   의/ (대표전화)070-4175-0914, (전송)070-4209-1709

ISBN 979-11-91199-55-0 (43910)

선사시대부터 대한제국까지

언니가 들려주는
한국사 이야기

최은서 서영지 박가람 박지아 방서희
방소연 이준 정다빈 정윤지 함께지음

ㄱ

한국사를 알고 싶은 친구들에게!

안녕! 이 책을 펼쳐 든 너에게 먼저 반가운 인사를 전해. 우리는 너의 언니 혹은 누나, 오빠가 될 수도 있는 사람이 야. 너에게 한국사를 좀 더 쉽고 재미있게 알려주고 싶어서 이 책을 쓰게 되었어.

한국사, 어렵고 딱딱하게 느껴질 때가 많지? 교과서만 봐 도 졸리고, 왜 알아야 하는지 모르겠고, 그런 느낌 들 때가 있을 거야. 사실 우리도 그랬어. 오래전 과거의 일을 왜 우리 가 배워야 하는지 이해할 수 없었지. 하지만, 한국사는 단순 한 과거의 이야기가 아니야. 우리가 누구인지, 어디서 왔는 지, 그리고 우리가 어떤 길을 걸어왔고, 어떤 길을 걸어가야 하는지를 알려주거든. 말하자면 한국사는 우리 자신에 대해 더 깊이 이해하게 되고, 더 나은 미래를 꿈꿀 수 있게 해.

그래서 우리는 어렵게만 느껴졌던 역사 이야기를 언니가 동생에게 이야기하듯이, 너에게 한국사의 재미있는 이야기와 중요 개념을 쉽게 설명해 주려고 해. 어려운 단어는 가능한 한 피하고, 쉽게 풀어서 설명할 거야. 너와 대화하듯 묻고 답하면서, 서로 이야기 나누는 것처럼 말이야.

이 책에서는 선사시대부터 대한제국에 이르기까지 한국사의 큰 흐름을 다룰 거야. 각 시대 중요한 사건들, 인물들, 그리고 그들이 남긴 발자취를 따라가면서, 당시 사람들이 왜 그런 선택을 했고, 그 선택에 따라 어떤 결과에 이르렀는지를 살펴볼 거야.

이 책을 통해 너의 문해력이 쑥쑥 자라기를, 한국사를 점점 더 친근하게 느끼기를 바라. 책을 읽는 동안 웃기도 하고, 때로는 진지하게 생각하다 보면 한국사에 대한 너의 시야가

넓어질 거야. 역사는 단순히 과거 이야기가 아니라, 현재와 미래를 비추는 거울이라는 것을 기억해. 언젠가 너도 이 책을 통해 배운 것들을 다른 사람에게 이야기할 수 있는 날이 오지 않을까? 우리 함께 한국사 여행을 시작하자.

참! 우리는 너를 책 속에서 '도담'이라고 부를 거야. '도담'은 '도담하다'라는 단어의 어근으로, 순우리말이야. '도담하다'는 야무지고 탐스럽다, 아이들이 즐겁고 건강하게 무럭무럭 자라라는 뜻을 가지고 있어. 우리는 네가 한국사를 즐겁게 느끼며 성장하길 기대하며 '도담'이라고 부르기로 했지. 너를 대신하는 '도담'이라는 이름이 너의 마음에도 꼭 들기를 바라며 우리 이제 정말로 출발해 볼까?

중마고등학교 도서관 책뜨락에서

저자 모두가

조선시대

대한제국시대

선사시대는 인간 생활에 대해 문자 기록이 없던 시대로, 역사 이전, 역사에 적혀 있지 않은 시대라고 할 수 있어.

기록되어 있지 않다구? 그럼, 어떻게 우리가 그 시대를 알 수 있어?

선사시대와 고조선

고인돌 __ 고인돌이 돼~

언니 이 사진을 한번 봐봐. 화순
에 있는 핑매바위인데, 우리
나라에 있는 고인돌 중 가
장 큰 고인돌로 추정된대.

도담 고인돌? 고인(故人, 죽은 사람을 높여 이르는 말)을 묻은 돌이어
서 고인돌이라 부르는 거야?

언니 고인돌이란 이름은 큰 돌을 괴고 있다는 뜻으로, 괸돌
에서 유래했다고 해.

도담 괸돌, 괸돌, 고인돌······. 오! 진짜네? 고인돌이라면 돌
을 세워서 그 위에 돌을 올린 거지?

언니 맞아, 탁자식과 바둑판식처럼 돌 위에 돌을 세우기도
하고 무덤 위에 바로 돌을 얹기도 해.

도담 그 시대에 이렇게 커다란 돌을 옮길 기술이 있었어? 고
인돌은 어떻게 만들어진 거야?

언니 사실 정확히 어떤 방법을 써서 만들었는지는 아무도 모르지. 근데 추측해 볼 순 있어.

도담 일단 알려줘 봐!

언니 우선 큰 덮개돌을 확보해야 해. 덮개돌은 큰 바위에서 떼어내곤 했어.

도담 중장비가 없었던 시절인데 바위에서 돌을 어떻게 떼어 낸 거야?

언니 큰 바위에 일정한 간격으로 구멍을 뚫은 다음 나무쐐기를 박아 넣었을 거야. 그리고 나무쐐기*에 물을 부으면 물에 젖은 나무가 팽창하고, 그 힘으로 바위를 쪼갤 수 있었지.

도담 오! 일단 떼어내는 것은 성공! 그럼 그 큰 돌은 어떻게 옮긴 거야?

언니 바위 아래에 통나무를 깔아서 바퀴처럼 만들고, 줄을 연결해서 많은 사람이 끌어당기거나 밀지 않았을까?

도담 어떻게 밀었다 쳐. 탁자식은 덮개돌이 받침돌 위에 있잖아. 어떻게 올린 거지? 크레인이 있었을 리 없잖아.

언니 음. 가장 상상력이 필요한 작업이지. 일단 구덩이를 파

---

* 쐐기: 물건의 틈에 박아서 사개(모퉁이가 맞물리는 끝부분)가 물러나지 못하게 하거나 구멍을 메울 때 쓰는 것

고, 받침돌을 구덩이 안에 세워. 그리고 받침돌 주변에 흙을 차곡차곡 쌓아 올려. 이때 중요한 건 흙은 덮개돌을 기준으로 양옆을 완만하면서도 경사지게 쌓아야 한다는 거야. 통나무를 이용해서 덮개돌을 끌어올려야 하거든. 덮개돌이 받침돌 위에 올라가면 그때 양옆에 쌓아둔 흙을 치우는 거야. 짠! 탁자식 고인돌 완성!

도담 설명만으로는 어렵네.

언니 이럴 땐 그림을 검색해 보는 게 좋지. 얼른 '고인돌 제작 과정'을 검색해 봐. 이 언니가 설명해 준 과정을 찰떡같이 묘사한 그림이 있을 거야.

도담 오, 여기 있네! 역시 그림으로 보니 한눈에 쏙 이해가 되네. 그런데 아무리 생각해도 이건 한두 명이 할 수 있는 일이 아니야. 못해도 몇십? 몇백 명은 동원되었겠는걸.

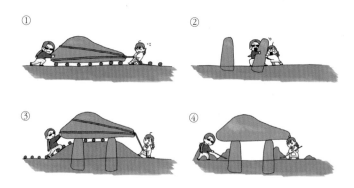

언니 맞아. 고인돌을 만들 때 많은 사람이 함께했을 거야. 그
만한 사람들을 동원할 수 있었다는 것은 다수의 사람
을 이끈 족장이 있었다는 뜻이기도 해. 그 족장이 죽었
을 때도 고인돌을 세워 그 대장의 지위와 중요성을 나
타낼 수 있었지.

도담 더 많은 사람을 다스리던 대장이 죽었다면 더 크고 무
거운 고인돌을 지었을 수도 있겠네?

언니 맞아. 그리고 고인돌 외에도 큰 돌을 이용한 기념물이
많이 있었는데, 그걸 거석문화라 해.

도담 고인돌 말고는 또 뭐가 있었는데?

언니 음, 칠레 이스터섬의 모아이 석상이나 영국 잉글랜드의
스톤헨지 같은 것들이 있지.

도담 모아이 석상도 거석문화 중 하나였구나! 실제로 보면
좋겠다.

언니 한번 가볼까? 유적지에
직접 가보면 더 많은 걸
알 수 있을 거야.

도담 좋아!

움집 __ "내가 바로 선사시대 원뿔 집"

도담 아휴, 왜 이렇게 어려운 거야?

언니 왜? 무슨 일이야?.

도담 수학학원에서 원뿔 문제 30개를 숙제로 내줬는데 너무
어려워.

언니 오, 근데 이 모양 살짝 움집을 닮지 않았어?

도담 움집? 움집이 뭐였더라. 움집이 뭐였지?

언니 신석기시대 대표적인 집 형태잖아.

도담 좀 더 자세하게! 움집은 왜 나타나게 되었는데?

언니 알았어. 옛날옛날 아주 오래전에 신석기 시대에 살아가
던 사람들은 추위, 사나운 맹수와 같은 외부 위협으로
부터 피할 안전한 곳이 필요했어. 그래서 사람들은 이
때부터 우리가 살아가는 집을 만들었지. 그게 움집이었
던 거야.

도담 오, 그러면 어떻게 생겼는지도 알려줘! 진짜 원뿔 모양

으로 생겼어?

언니 응. 거의 원뿔 모양이야. 움집의 '움'은 땅을 판 구덩이
　　　를 뜻해. 땅을 원형, 혹은 원형에 가까운 사각형으로 파
　　　고, 둘레에 기둥을 세운 후 비바람을 막기 위해 이엉(짚,
　　　풀잎, 새 따위로 엮어 만든 지붕 재료)을 덮어 만들었어. 바닥의
　　　지름은 약 6m, 깊이는 30~70cm 정도였어.

도담 그러면 움집 안에는 어떤 게 있었어?

언니 바닥엔 진흙이 깔려있고, 안쪽엔 취사, 난방을 위한 화
　　　덕이 있었어. 화덕 옆에는 저장 구덩이가 있었는데, 그
　　　시대에 사용된 국자나 집게 같은, 취사하는 데 필요한

도구를 넣어 보관했을 거야.

도담 그런데 여기서 질문!

언니 뭔데?

도담 움집이 생기기 전에는 어디서 살았어?

언니 아마도 바위 그늘이나 동굴처럼 간신히 추위나 비를 피할 수 있는 곳에서 살았을 거야.

도담 근데 왜 계속 그렇게 살지 않고 집을 신경 써서 짓기 시작했어?

언니 농경의 시작과 밀접한 관련이 있지 않을까? 신석기시대에 농경이 시작되었는데, 씨를 뿌리고 작물이 자라 수확할 때까지 그 자리에 머물러야 했지. 당분간 거주지에서 안전하게 지내야 하니까 공들여 지어야 할 필요성이 있었겠지?

도담 그러면 사람들은 거기서 뭘 하면서 살았을까?

언니 남자들은 출입구 근처에서 간단한 석기를 만드는 작업을 했을 거고, 여자들은 출입구의 반대쪽 깊숙한 곳에서 취사 등의 일을 했다고 전해져.

도담 왜 남자들은 출입구와 가까운 곳에 있고, 여자들은 출입구와 먼 곳에 있었는데?

언니 그러게. 아마 그 당시 사냥을 하던 남자들이 더 힘이 강

해서 혹시나 하는 상황을 대비해 출입구와 가까운 곳에
있지 않았을까?

도담 그럴 수도 있네! 근데 출입구는 어디였는데?

언니 집 위에 있지는 않겠지? 대체로 동남쪽이나 서남쪽의
햇볕을 잘 받는 방향으로 설치했지.

연맹왕국 _ 공주가 되는 방법

도담 언니, 나 공주가 되고 싶어.

언니 엥? 갑자기 웬 헛소리야.

도담 그러니까 언니가 아빠한테 분
발하라고 말 좀 해 봐. 나라
하나만 딱! 세워 달라고.

언니 그래? 너 초기 왕국이 어떻게 세워졌는지는 알고 있어?

도담 당연히 모르지. 그래도 역사 시간에 연맹왕국에 대해서
는 배웠어.

언니 한번 들어나 보자.

도담 연맹왕국은 맹주국을 중심으로 한 연맹 형태의 나라를
말한댔어.

언니 알고 있긴 하네. 최초의 정치체는 부족이 중심이 되어
만들어졌어. 우두머리는 부족장이었겠지?

도담 난 공주가 되고 싶은 거지, 공부를 하고 싶은 건 아니었

는데…….

언니 그냥 들어.

도담 넵.

언니 각 부족은 필요에 따라 연합했을 거야. 부족장들의 연합에 의해 형성된 국가, 그게 바로 연맹왕국이지. 이 단계에 각 부족장은 왕의 통치로부터 다소 자유로운, 독자적인 영역을 다스렸어. 당시 부족장은 왕만큼이나 발언권도 세고, 힘도 셌지. 말하자면 연맹왕국은 중앙집권적 형태의 고대국가가 성립하기 이전의 과도기적 국가 형태를 말해.

도담 여전히 어렵다. 근데 과도기가 뭐야, 각도기?

언니 겠냐?* 어떤 상태에서 다른 새로운 상태로 옮아가거나 바뀌는 도중의 불안정한 시기가 과도기야.

도담 오, 더 설명해 줄 수 있어?

언니 연맹왕국에서 왕은 중앙집권화된 국가에서의 왕과는 처지가 달라.

도담 어떻게 다른데?

언니 고대국가의 왕은 자신이 주도권을 쥐고 통치할 수 있었

---

* '그러겠냐'의 은어, 면박을 주는 느낌이 있음.

던, 초월적 권한을 획득한 존재였던 데 비해 연맹왕국의 왕은 큰 권력이 없는, 말하자면 학급 반장과 같은 존재야.

도담 학급 반장? 잘 모르겠어…….

언니 도담이네 반에서 반장은 어떤 존재야? 친구들보다 우위에 있는, 친구들 위에서 군림하는 존재야?

도담 우리 반 반장이? 전혀 아니지. 학급의 일원이고…….말하자면 봉사자에 가깝지. 이런저런 학급 공지 알려주고, 선생님과도 자주 소통하고. 그리고 가끔 전교생이 의견을 모을 때는 우리 학급 대표로 학생 회의에 참석하기도 해.

언니 그치. 반장은 초월적으로 친구들 위에서 군림하는 존재는 아니야. 연맹왕국의 왕도 마찬가지였지. 그저 부족장 중 한 명에 불과했어. 지역에서 독자적인 힘을 가진 부족장들을 자기 밑에 무릎 꿇리지 못했어. 어떤 일을 결정하고자 할 때도 다른 부족장들과의 협의를 거쳐야 할 정도였어.

도담 아, 수업 시간에 들었던 것 같아. 고구려 제가회의와 백제 정사암회의였지?

언니 잘 기억하고 있구나! 맞아, 이처럼 연맹왕국의 왕이 쥔 권력은 중앙집권화에 성공한 고대국가의 왕이 쥔 권력과는 질적으로 달랐어.

도담 굳이 따지면 연맹왕국의 왕은 우리가 흔히 상상하는 왕보다는 대표자와 더 비슷하다는 생각이 들어.

언니 그것도 맞는 말이네.

도담 이렇게 대화해 보니까 왕이 되는 건 너무 복잡하고 어려운 일인 것 같아. 공주가 되고 싶다는 마음도 싹 사라졌어.

언니 정 공주가 되고 싶다면 이름을 공주로 개명하는 방법도 있어.

도담 아니 그건 좀⋯⋯. 난 도담으로 만족하며 살래.

8조법 __ 눈에는 눈, 이에는 이!

도담 언니, 뉴스 봤어? 사람을 죽였는데 감옥에 있을 시간이
　　 고작 6년이래!

언니 심신미약에 정신질환, 별 이유를 다 붙여 형량을 줄여
　　 주잖아. 가해자가 저런 사람이라고 해서 피해자가 받는
　　 고통이 줄어드는 것도 아닌데⋯⋯. 저런 건 사정 봐주
　　 지 말고 8조법대로 처벌해야 한다니까.

도담 8초법? 그게 뭔데? 8초 만에 뭘 할 수 있어?

언니 8초법 말고 8조법 말야. 한국사 최초의 법. 몰라?

도담 몰라. 한국사는 너무 어려워.

언니 청동기시대에 부족들끼리 정복 전쟁이 활발했다는 건
　　 알지? 그 부족들을 통일하고 세워진 나라가 바로 한국
　　 최초의 국가, 고조선이야. 원래 남남이었던 여러 부족
　　 을 한곳에 모아두니, 질서 유지가 잘 됐겠어?

도담 안 됐겠지! 우리도 체육관에 우리 학년이 다 모이면 엄

청 시끄럽고 통제가 잘 안 되는데 거긴 사람도 더 많았을 거 아냐.

언니 맞아, 고조선 초기에는 사회가 혼란 그 자체였어. 그 혼란을 바로잡으려고 만들어진 게 8조법이야. 8조법은 8개 조항을 갖고 있어서 8조법이라 불렸는데, 지금은 『한서』라는 책을 통해 3개 조항만 전해지고 있어.

도담 전해지고 있다는 그 3개 조항은 뭔데?

언니 첫째, 사람을 죽인 자는 즉시 죽임으로써 갚는다. 둘째, 남에게 상해를 입힌 자는 곡물로써 배상한다. 셋째, 남의 물건을 훔친 자는 재산을 몰수하여 그 집의 노비로 삼되, 속죄하려면 한 사람당 돈 50만 전을 내야 한다. 이 조항들을 보면 당시 고조선 사회가 뭘 중요하게 여겼는지 알 수 있어.

도담 사람을 죽이면 똑같이 죽임으로 갚는다는 건 사람의 생명을 그만큼 소중히 여겼단 거지?

언니 오, 맞아! 설명하기 전에 알아내다니, 실력이 늘었나?

도담 하하! 이 정도는 '껌'이지. 근데 남을 다치게 했는데 왜 곡식으로 갚아? 나는 나 다치게 한 사람이 먹을 거 주면서 '퉁치려'고 하면 더 화날 거 같은데.

언니 생각해 봐, 그때 농기계가 발달했겠어? 없었겠지? 농기계가 없으니, 인간이 직접 농사를 지어야 하는데 다치면 농사를 짓기 어렵잖아. 그러니까 남을 다치게 하면 그 사람 대신 농사를 지어서 곡식으로 갚으란 거지.

도담 오, 그럼 남의 물건을 훔쳤는데 왜 노비가 돼? 이것도 그냥 곡식으로 갚으면 되는 거 아냐?

언니 최하위 계층이었던 노비는 인간이 아니라 재산으로 여겼대. 그러니까 남의 물건을 훔치면 평생 그 사람의 재산으로 살아가거나 돈을 주고 용서를 구하는 거지.

도담 세 번째 조항에서는 당시 사회에 개인의 재산이 있었다는 거랑 신분제가 있었다는 걸 알 수 있겠네!

언니 그렇지. 용서를 받으려면 50만 전을 내야 한다는 걸 봐선 돈을 사용했다는 사실도 같이 알 수 있어.

도담 이해 완료! 한국사 별거 아니네! 완전 이지까까.*

---

*이지까까: 영어 easy(쉽다)와 어린아이들이 과자를 부르는 말 까까를 합친 말. 식은 죽 먹기와 비슷한 의미를 가진다.

천신신앙 __ 하늘 만세!

언니 옛날엔 사람들이 하늘에 신이 있다고 믿고 제사를 지냈
어. 대체로 시조들은 하늘과의 관련성을 강조할 때가
많아. 삼국의 건국 신화만 봐도 알 수 있어.

도담 삼국의 건국 신화에 어떻게 나타나 있다는 거야?

언니 고구려는 주몽을 하늘 신의 아들이라고 해. 백제의 온
조는 주몽의 아들로 여겨졌고, 신라는 박혁거세가 알에
서 나왔다는 신화가 있어.

도담 엥? 사람이 어떻게 알에서 나와?

언니 다 지어낸 이야기지. 알에서 부화하는 대표적인 동물은
새잖아? 새들은 날개가 있어 하늘 높이 날 수 있어. 고
대의 지배자들은 자신들이 하늘과 소통할 수 있는 특별
한 존재라는 것을 과시하려고 그런 이야기를 지어낸 거
같아.

도담 그럼 그런 지배자를 둔 사람들은 전부 하늘을 섬겨야

했던 거야?

언니 응. 그래서 고대엔 하늘을 섬기는 퍼포먼스인 제사를
　　　굉장히 중시했어. 고구려에서는 매년 10월에 동맹이란
　　　제사를 했어. 부여에는 '영고', 동예에는 '무천'이라는 제
　　　천행사가 있었어.

도담 그 정도로 하늘 신을 중요시했구나. 왜 하필 하늘이었
　　　을까?

언니 아마 그 당시에 과학이 덜 발달해서일 거야.

도담 과학이 덜 발달한 거랑 하늘 신을 믿은 거랑 무슨 관계야?

언니 천둥 번개라든가 우박처럼 그 당시에는 이해 불가능한 현상이 존재했고, 옛날 기술력으로는 하늘이나 우주에 닿을 수 없었으니, 미지의 영역이라는 인식이 있었을 거야.

도담 그렇게 생각하니 그때 사람들은 하늘이 엄청나게 대단해 보였을 것 같아. 농사를 지을 때도 비와 태양이 필요하잖아. 그게 모두 하늘에 있으니 하늘을 신성시했던 것도 이해된다.

언니 도담은 하나를 가르치면 열을 아는구나?

삼국시대는 고조선 이후 고구려, 백제, 신라를 주요 3국으로 묶고, 부여, 가야, 탐라 등을 기타 소국 가들이 있었던 때를 말해.

아, 나도 알아.

삼국시대

임신서기석 __ 임신년, 대문자 J의 스터디 플래너

언니 너 저번에 엄마한테 혼났지?

도담 언제?

언니 시험 기간에 공부도 안 하고 놀기만 했다며?

도담 그렇지만 어떻게 공부를 시작해야 할지 모르겠는걸.

언니 내가 공부 계획을 세우는 것부터 도와줄게. 뭐든 역사
    를 바라보면 답이 나오는 법이지.

도담 역사?

언니 너 임신서기석에 대해 알고 있어?

도담 아니 잘 모르겠어.

언니 음. 임신서기석이 무슨 뜻일까? 지금 막 머릿속에 떠오
    르는 대로 추측해 볼래?

도담 음. 임신? 아기를 가진 것에 관한 기록인가? 아니
    면……. 임금님과 신하에 대한 기록인가? 임금님과 신
    하에 대한 기록일 것 같은데…….

언니 훗. 이럴 줄 알았지. 임신
　　서기석은 임신+서(맹세)+기
　　(기록)+석(돌)을 합친 말이
　　야. 임신년에 한 맹세를 기
　　록한 돌이라는 뜻이야.

도담 그렇구나. 근데 임신년은
　　뭐야?

언니 동양에서는 10간, 12지를
　　활용해 시간이나 해(year)
　　의 이름을 붙이곤 했어.

임신서기석
(출처: https://gyeongju.museum.go.kr)

　　10간은 '갑을병정무기경신임계'이고, 12지는 '자축인묘
　　진사오미신유술해'를 뜻하지. 들어는 봤지? 두 개를 합
　　쳐서 '간지'라고 하는데, '임신'은 바로 이 간지에 의해 붙
　　여진 해의 이름인 거지.

도담 어렵다 어려워.

언니 훗. 본론으로 돌아와서, 임신서기석의 문장은 이렇게
　　시작해. '16일에 두 사람이 함께 하늘에 맹세하며 기록
　　한다.' 뒤에는 학문, 유교 경전을 습득하고 실행할 것을
　　맹세한 내용이 적혀 있어.

도담 마치 스터디 플래너같네, 공부 다짐도 적어 놓고.

언니 좋은 표현이야. 네 말대로 임신서기석은 과거의 스터디 플래너라고 볼 수 있어. 너도 이렇게 언제부터, 어떤 내용을 공부할 것인지 미리 정해두고 시작하면 공부가 한결 수월하지 않을까?

도담 한번 그렇게 해볼게. 조언 고마워.

연호 _ 제발 한 명당 한 개씩만!

도담 언니 연호가 뭐야?

언니 음. 말하자면 왕의 즉위를 기준으로 시간을 헤아리는
방법이야. 왕이 통치하는 해부터 새로 시작되는 거지.
예를 들어 도담이가 왕이 되어 연호를 '도담'으로 만든
다면 그해는 도담 1년이 되는거야. 연호를 쓴다는 건
왕이 영토 뿐만 아니라 시간을 지배하는 존재임을 보여
주는 거야. 우리 역사에서는 삼국시대에 연호를 사용한
기록이 있어.

도담 왜 군이 연호를 써? 그냥 2024년, 2025년 이렇게 부르는
게 더 편하지 않아?

언니 역사를 기록할 때 편리하거든. 어떤 사건이 어떤 왕이
통치하던 시기에 일어난 건지 더 편하게 알 수 있어.

도담 그렇구나. 그러면 고구려에서는 무슨 연호를 썼어?

언니 고구려에 광개토대왕은 '영락'이란 연호를 썼는데, 확인

된 고구려 연호 가운데 가장 오래된 연호야.

도담 백제랑 신라도 연호를 썼어?

언니 신라도 고구려처럼 자신만의 연호를 쓴 적이 있어. 신
라 진흥왕은 '개국'이라는 중국과 다른 독자적인 연호를
사용했어.

도담 독자 연호를 쓰면 쭈욱 쓰는 거야?

언니 아니. 독자 연호를 쭉 쓴 건 아니고, 아까 말했듯이 고구
려의 경우 광개토대왕 때, 신라는 진흥왕 때 잠깐 썼어.

도담 원래 중국 연호를 쓰다 바꾸면 독자 연호를 쓰면 좀 눈
치 보이지 않았을까?

언니 독자적인 연호를 썼다는 것 자체가 당시에 동아시아에
서 고구려 위상을 보여주는 거야. 고구려는 독자 연호
사용 시기에 한정해서는 동아시아에서 나름 중국만큼
강력한 국가였다고 생각할 수 있지.

도담 오~, 역시 고구려!

언니 실제로 광개토대왕이 연호를 썼을 시기는 중국은 대혼
란 그 잡채*였던 시기야! 위진남북조라고 불리던 때지.
중국 내 여러 세력이 지들끼리 싸우느라 바빴고, 고구

---

* 그 잡채: '그 잡채'는 '그 자체'라는 뜻. '자체'와 '잡채'의 발음이 유사함을 이용한 일종의 언어유희.

려는 중국 눈치를 안 봐도 되었지. 그에 반해 백제는 같은 시기에 고구려를 견제하려고 그랬는지 중국의 남조와 교류했고, 자연스레 남조의 연호를 따라 썼어.

도담 남조? 남조는 어디야?

언니 위진남북조 시대에 중국 남쪽에 자리 잡았던 한족 중심 국가들을 이야기해. 송·제·양·진과 같은 나라들을 통틀어 부르는 말이지.

도담 그렇구나. 근데 한 명의 왕이 연호를 여러 번 쓸 수는 없어?

언니 쓸 수 있어. 그것 때문에 기록하기 곤란할 때도 있었지. 그래서 명나라 때 한 명의 황제가 한 개 연호만 쓰도록 하는 '일세일원제'라는 걸 시작했어. 그리고 주변국도 따라 하게 되었지.

도담 그렇구나. 그래도 바뀌어서 참 다행이다! 안 그랬으면 역사를 배우기 더 힘들어질 뻔했어.

녹읍 __ 노동력을 봉급으로?

도담 언니, 신라에서 고려 초까지 벼슬아치들에게 급료로 수조권을 주는 녹읍이란 게 있었대!

언니 그렇구나? 수조권이 뭘까?

도담 …… 수조권이 뭐야?

언니 그래 도담아, 수조권은 땅에서 나오는 세금을 거둘 수 있는 권리를 말해.

도담 그럼 녹읍은 월급 대신 토지세를 받을 수 있게 한 거야?

언니 더 있어. 단순히 토지세 말고도 그 구역에 속한 인력을 동원할 수 있었지.

도담 그렇게 땅에서 나오는 것들을 모두 사용할 수 있게 하면 문제가 될 것 같은데.

언니 맞아, 여러 문제점이 있어서 녹읍은 폐지되기도 하고, 부활하기도 했어.

도담 무슨 문제점이 있었는데?

언니 귀족들은 녹읍에서 나오는 인력을 토지 일구는 데 사용했을 뿐 아니라 군사력으로도 동원할 수 있었지.

도담 그렇게 동원한 군사력으로 귀족들이 반란이라도 일으키면 어쩌려고? 너무 위험한 거 아니야?

언니 임금으로서는 위협처럼 느껴질 수 있겠지? 왕정사회에는 토지든, 사람이든 국가가 장악해서 통치의 밑바탕으로 삼아야 하는 건데, 귀족이 장악하고 있었다는 것은 왕의 입장에서는 백성을 빼앗긴 것이나 다름없지. 그래서 신문왕은 귀족이 가진 백성에 대한 권리를 다시 회수하기로 했어. 그냥 뺏으면 욕먹으니까 우선 관료전*을 지급하고, 그 이후에 녹읍을 폐지했어. 하지만 경덕왕 때 녹읍은 부활했어.

도담 경덕왕은 왜 녹읍을 부활시킨 걸까?

언니 귀족의 반발이 너무 심한 나머지 못 이기고 녹읍을 부활시켰다는 이야기가 있어.

도담 백성을 생각해서 부활시킨 건 아니었네.

---

* 신문왕대 체제 정비의 일환으로 관리들에게 지급한 토지. 인적, 물적 자원을 직접 지배하는 것이 가능한 녹읍에 비해 일정한 경제적 이익만 얻을수 있었을 것으로 추정된다.

진대법 _ 우리나라 최초의 복지제도

언니 너 우리나라 최초의 복지제도가 뭔지 알아?

도담 아니 몰라. 뭔지 알려줘.

언니 알았어. 우리나라 최초의 복지제도는 고구려에서 시행
된 진대법이야.

도담 진대법? 진대법이 뭐야?

언니 진대법은 곡물을 빌려주는 제도야. 자연재해로 인해 농
민들이 생계를 유지하기 어려울 때, 국가가 창고에 저
장된 곡식을 빌려주고 나중에 수확한 곡식으로 갚게 한
제도야.

도담 오! 코로나 때 지역사랑상품권을 준 거랑 비슷한 건가?

언니 지역사랑상품권은 그냥 지원해 준 거잖아. 근데 진대법
은 빌려준 거야.

도담 근데 언니, 진대법은 누구 건의로 실현되었어?

언니 진대법은 국무총리급인 을파소라는 인물이 건의하여

실현되었어.

도담 오, 을파소. 이름 멋있다. 언니, 진대법 이름에도 뜻이
있어?

언니 그럼. 있지. 진대법의 진(賑)은 흉년에 생계유지가 어려
운 사람들에게 곡식을 빌려주는 것을 말하고, 대(貸)는
봄에 곡식을 빌리고 가을에 추수한 후에 빌려준 곡식을
회수하는 것을 말해.

도담 그냥 지어진 이름이 아니네. 근데 언니, 진대법의 목표
가 뭔지도 알아?

언니 알지~. 진대법은 농민들이 흉년을 극복하고 다음 해 농

사를 이어갈 수 있도록 돕기 위해 마련된 제도거든. 민

생 안정과 농업 생산력 유지를 목표로 했어.

도담 혹시 진대법과 비슷한 제도가 또 있어?

언니 어, 있어. 고려시대 의창과 조선시대 환곡도 진대법과

같은 목적으로 실시되었어.

골품제 __ 금수저, 은수저 말고 뼈수저?

언니 야, 너 '뼈수저'라고 들어봤어?

도담 아니! 안 들어봤어. 뼈수저가 뭔데?

언니 신라시대 신분제도인 골품제를 보면 뼈수저라는 말을
이해할 수 있게 될 거야.

도담 골품제는 또 뭔데?

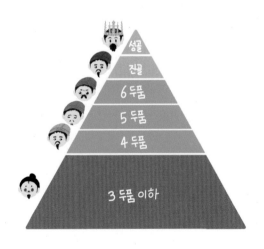

언니 골품제는 말 그대로 뼈 '골' 자에 등급 '품' 자를 써서 뼈
에도 등급이 있다는 소리야. 앞에 그림 좀 볼래? 8개 등
급이 보이지? 왕족인 성골과 진골, 그리고 6두품부터
가장 낮은 1두품까지 있어.

도담 응? 근데 아래 3두품부터 1두품까지는 왜 합쳐 있어?

언니 아, 처음엔 8등급으로 나눴다고 하는데, 맨 위 성골이
사라지고 3두품부터 평민이 되면서 진골, 6두품, 5두품,
4두품만 남게 됐대. 암튼 저 신분 하나로 차별이 엄청
심했대.

도담 차별? 어떤 차별?

언니 대표적으로 관직 승진에 제한이 있었어. 신라시대엔 17
관등이 있었는데 6두품은 6등급까지만 올라갈 수 있었
어. 부서의 대장이 될 수 있는 5등급 이상부터는 진골이
독차지했는데.

도담 어려워ㅜ. 나는 그렇게 말하면 이해가 안 된단 말야.

언니 알았어. 쉽게 설명해 줄게. 너네 학교에서 반장, 부반장,
학생회장 이런 거 뽑지? 6두품은 부반장까지만 했다고
보면 돼. 반장이나 학생회장은 모두 진골이 독차지했던
거고.

도담 그럼 나머지 5두품이랑 4두품은?

언니 당연히 6두품보다 아래 관직을 맡아야 했는데, 이것도
　　 학교로 예를 들면 모둠활동 조장 정도를 맡지 않았을까?

도담 그게 뭐야. 불공평해! 4두품이 진골보다 똑똑할 수도
　　 있잖아! 관직 말고 다른 건? 다른 건 차별 안 당했어?

언니 당연히 다른 차별들도 있었지. 집의 크기도 진골이 가
　　 장 크게, 디자인도 가장 화려했어. 마차를 끄는 동물의
　　 수나 집에서 쓰는 그릇, 입는 옷 색깔까지도 신분에 따
　　 라 차이를 뒀다고 해.

도담 엥? 돈이 많아도 신분이 낮다는 이유 하나로 더 안 좋은
　　 집에서 살아야 해?

언니 그랬지. 네가 아무리 나보다 돈이 많아도 나는 진골, 넌
　　 6두품이라면 내가 60평짜리 아파트에서 살 때 넌 30평
　　 짜리 아파트에 살아야 하는 거야.

도담 그런 게 어딨어! 그럼 나는 람보르기니도 못 타?

언니 만약 아직도 골품제가 존재했다면, 그리고 네 신분이
　　 높지 않다면 람보르기니는 꿈도 꿀 수 없었겠지~.

도담 거 참 들을수록 화나네! 신분을 바꿀 수는 없는 거야?

언니 안타깝게도 원칙적으로 신분을 바꾸는 건 불가능했어.
　　 결혼도 같은 두품끼리만 할 수 있었거든.

도담 사랑마저 마음껏 못하게 하다니……. 너무해. 아, 그런

데 처음에 성골이 사라졌다고 했잖아! 성골은 왜 사라진 거야? 성골이랑 진골 둘 다 왕족이라며! 둘이 뭐가 다른데?

언니 하나씩 물어봐. 진골과 성골의 차이나 구분은 정확히 알려진 게 없어. 그냥 여러 가지 가설만 존재한달까? 그냥 둘 다 왕족인데, 성골은 왕위를 이을 수 있는 사람들이고 진골은 왕위를 이을 수 없는 사람들이라고 생각하면 편해. 너, 선덕여왕은 알지?

도담 당연히 알지! 한국사 최초의 여왕이잖아.

언니 그래 맞아, 선덕여왕은 진평왕의 딸인데, 진평왕은 아들이 없어 성골로 왕위를 이을 사람은 선덕여왕뿐이었던 거야. 골품제라는 신분제도 안에서 자격을 갖춘 인물을 찾다 보니 여왕이 즉위하게 된 거지. 그다음으로는 선덕여왕의 사촌이었던 진덕여왕이 즉위했던 거고, 진덕여왕을 끝으로 성골은 완전히 사라지게 돼.

도담 성골이 없어지면 왕은 누가 해? 진골?

언니 그렇지. 대가 끊긴 성골을 대신해 진골이 왕이 됐어. 진덕여왕 다음으로 즉위했던 태종 무열왕 김춘추! 김춘추는 기존의 신라 왕족뿐만 아니라 자신들이 정복했던 가야나 고구려 등의 왕족에게도 진골 작위를 줬대. 진골의 수는 엄청나게 많은데, 왕위엔 한 사람만이 오를 수 있으니. 어땠겠어?

도담 서로 왕이 되려고 엄청 싸웠겠네.

언니 응, 맞아. 진골 사이에 왕위를 둘러싼 내부 갈등도 심했고, 최고 계급이 된 진골들은 자신들의 이익을 챙기기에 바빠 당시 사회가 엄청 혼란스러웠대.

도담 어떻게 혼란스러워졌는데?

언니 진골 귀족들은 권력을 이용해서 자기 땅을 넓히고 세금도 안 내려고 했대. 마치 누가 더 잘 노는 놈인지 겨루는 것처럼 사치를 부리고 술을 마시면서 놀러 다니기 바빴어. 또, 외국의 신기한 물건들을 몽땅 사들이는 과정에서 밀수까지 성행했을 정도야.

도담 뭐야 그게! 골품제에 불만을 가지는 사람들은 없었어? 나라면 화가 나서 막 날뛰었을 거 같은데.

언니 너 같은 애들도 당연히 있었지. 암만 능력이 뛰어나도 태어나는 순간 신분이 정해지고, 그 신분의 틀 안에서 살아야 하는 거니까. 관직에 오를 기회조차 없던 평민들은 불공평한 사회에 서러움이 많았을 거고, 진골보다 능력이 뛰어나도 진골의 지휘를 따르며 일해야 했던 6두품들도 힘들었을 거야.

도담 그럼 골품제를 없애버리면 되잖아!

언니 안 그래도 실력은 있었는데 신분 때문에 승진은 못 했던 6두품들이 이 골품제에 엄청난 항의를 했대. 근데 네가 만약 진골이라면 네가 받는 혜택을 줄여서 6두품을 너랑 똑같이 대우해 주고 싶겠어?

도담 난 평등하게 대우해 줄 건데? 언니랑 다르게 난 착한 사람이니까~. 크크크!

언니 예~, 어련하시겠어요. 근데 신라시대 진골들은 모두 너처럼 착하지 않았어. 어떻게든 자기들이 받는 혜택을 아래 신분과 나누고 싶지 않았겠지. 그런 애들이 골품제를 순순히 없애줄 리가 없었을 거야. 결국 이 골품제는 신라가 완전히 멸망하고 나서야 사라졌다고 해.

도담 으으, 6두품의 한이 내 안에서 소용돌이친다! 신라 말고 다른 나라에서는 이런 신분제 안 썼어?

언니 내가 알기로는 인도에도 골품제랑 비슷한 제도가 있었던 거 같은데? 카스트제였나?

도담 인도에도? 카스트제는 뭔데? 빨리 알려줘!

언니 그건, 다음 기회에!

율령 __ 국왕을 제일 꼭대기로!

도담 최근에 학교 반에서 친구들이랑 다 같이 이야기해서 규칙을 만들었어. 하지만 규칙이 잘 안 지켜지는 거 같아. 너무 힘들어.

언니 규칙? 어떤 건데?

도담 교실 문 닫고 다니기, 쓰레기 버리지 말기 같은 사소한 것들이야. 규칙을 안 지키는 사람은 규칙 지킴이가 경고를 줘.

언니 괜찮아 보이는데, 뭐가 문제야? 경고로 잘 지켜지는 거 아니야?

도담 그게 문제가 아니야. 지킴이를 일주일 간격으로 바꾸고 있는데, 어떤 지킴이는 친한 친구가 규칙을 지키지 않아도 경고를 안 줬어. 이게 몇 번 쌓이니까 다들 설렁설렁, 점점 규칙을 잘 지키지 않고, 일을 열심히 하지도 않아. 다른 애는 경고 안 주고 나만 주면 속상할 거 같아.

언니 흠……. 이거 어때? 너 율령 알아?

도담 율령? 그게 뭐야?

언니 율령이란 왕이 나라를 통치하기 위해 만든 법이야.

도담 오, 무슨 뜻이야?

언니 율령에서 '율'은 형법을 뜻하고 '령'은 행정법을 뜻해.

도담 율령이 등장한 게 무슨 의미야?

언니 율령 전에는 다들 동등한 자격을 가지고 다 같이 회의
하여 잘못된 일을 해결했어. 하지만 문제가 자주 발생
하면 회의를 자주 해야 하고, 운영에 집중할 시간이 부
족하겠지?

도담 우리는 학급 반의 일로 힘든데, 저기는 국가라니 더 힘
들었겠다.

언니 응, 그래서 나온 게 바로 율령이야. 리더의 이름으로 체
제를 만들었지. 우선 회의에서 평등하게 이야기를 나누
던 부족장들을 등급별로 나누어 자신 아래에 서열별로
쫘악 줄을 세웠어. 이게 관등제! 말하자면 행정조직이지.

도담 오! 관리의 등급이 그렇게 생긴 거구나!

언니 그리고 각 부서가 뭘 해야 하는지에 대한 체계도 만들
었어.

도담 뭔가 체계적으로 갖추어져 가는 느낌!

언니 정확해! 범죄자 처벌에 관한 규정도 새로 만들었어. 이
게 율! 이렇게 보면 왕은 국가가 성장, 발전해야 하는 시
기에 체계를 만들 겸, 자신의 권력도 높이는 데 성공한
거 같아.

도담 오, 왕이 강력해졌구나!

언니 그치. 왕은 이 시기에 '중앙집권화'에 성공했어. 이제 부
족장의 말에 휘둘리지 않고 자신이 주도적으로 국가를
경영할 수 있게 되었지. 국가 내 모든 영토와 그 안의 사
람, 자원을 사용할 수 있게 된 거야. 삼국은 이러한 변화
를 발판 삼아 크게 발전하여 전성기가 맞이했어.

도담 오. 어쩐지. 전성기 이전에 왕들이 죄다 율령을 반포하
더라니……. 국가 시스템을 갖추는 건 꽤 성가신 일인
거 같은데 그 와중에 자신의 정점에 놓다니! 럭키비키*
잖아.

---

* (럭키(Lucky)와 아이돌 장원영의 영어 이름 비키(Vicky)를 연달아 쓴 언어유희이다. 자신에게
일어나는 모든 일은 결국 자신에게 좋은 일이 된다는 뜻이다.

조공 책봉 관계 __ 언니, 나 '삥' 그만 뜯어

도담 언니, 나 오늘은 학교에서 조공 책봉 관계에 대해 배
웠어.

언니 그렇군…….

도담 난 언니가 책봉도 해주지 않았는데 언니에게 조공만 했
을 뿐이라는 걸 알게 됐지. 이건 부당해!

언니 그래서 어쩌라는 거지?

도담 내 권리 중진을 위해 언니에게 오늘 배운 것들을 설명
해 줄 테야.

언니 파이팅!

도담 조공 책봉 관계는 일종의 무역이라고 할 수 있어. 서로
주고받는 게 있다는 거지.

언니 음……. 그래서 내가 열심히 받고 있잖아.

도담 주질 않잖아!

언니 지금 나한테 뭐 바라는 게 있단 소리야?

도담 아니 뭐, 꼭 그런 것만은 아닌데……. 주면 좋지.

언니 …….

도담 동아시아의 조공 책봉 관계는 주로 중국과 그 주변 국
가 간에 이루어져. 황제국에 대한 정치적 의례의 한 방
법으로 물건을 바치는 행위를 조공이라고 해. 황제는
조공을 바치러 온 나라를 신하로 임명[책봉]하여 관계를
유지하지.

언니 오, 그러면 조공을 받는 나라는 힘이 강했겠네?

도담 꼭 그렇지도 않아. 조공 책봉 관계는 여러 역사적 요인
에 따라 다양한 모습을 보여. 의례적인 관계, 실질적인
관계 등 여러 가지지. 상황에 따라 여러 모습으로 전개
되었는데 조공을 받는 나라의 세력이 더 약한 경우도
있었어.

언니 예를 들어?

도담 중국의 송나라가 바로 그
경우야. 송나라는 돈은 많
았지만, 군사력은 약했어.
그래서 주변 거란, 서하 등
의 나라에 공물을 줬다고 해.

언니 그렇지만 난 돈도 너보다 많고, 힘도 강한걸?

도담 ……

언니 어서 라면이나 끓여 와.

도담 (ㅠㅠ).

남북국시대 좀 생소하지?
예전에 통일신라시대라고
불렸던 시기를 말해.

발해의 존재 때문에
통일신라시대라고만
할 수 없기 때문이지?

남북국시대

신라 촌락 문서 ＿ 이걸로 세금을 매길지어다!

도담 와, 역시 역사박물관이야! 여기에는 처음 보는 게 굉장히 많아!

언니 신기하지? 나도 역사책에서만 봤던 물건들을 실제로 가까이서 보니까 신기하네.

도담 어? 언니 근데 여기에 글자가 이렇게 빼곡하게 적힌 건 뭐야?

언니 민정 문서라고도 불리는 신라 촌락 문서야.

도담 신라 촌락 문서? 신라의 시골에 있는 문서 뭐 그런 건가?

언니 대충은 맞아. 신라 촌락 문서는 9세기경에 작성된 것으로 오늘날 청주인 서원경 부근의 4개 촌락에 관한 기록이 담긴 문서야.

도담 아하, 근데 왜 적은 거야?

언니 세금이랑 노동력을 거두기 위해서 적은 거야. 이 문서는 신라의 행정력이 엄청났다는 걸 보여주기도 하지.

도담 그렇긴 하네. 엄청나긴 하다. 근데 이건 아까 그 서원 경? 청주에서 발견된 거야?

언니 아니! 이거는 1933년 일본 나라현에 있는 도다이지 쇼소인에서 발견되었어. 이때 일본 쇼소인에 있던 불경의 파손 부분을 수리하다가 발견된 거야. 당시에는 종이가 워낙 귀했기 때문에 민정 문서를 재활용해서 불경의 포장지로 사용했다고 해.

도담 더 궁금한 거! 저렇게 빼곡하게 적혀 있는데 어떤 내용이 적혀 있어?

언니 여기에는 촌의 면적, 호구, 인구수, 토지의 면적과 소, 말과 뽕나무, 호두나무 등의 수요가 기록되어 있어.

도담 이거 매일 적는 거야?

언니 아니! 이 많은 걸 매일 적는 건 어렵지 않았을까? 지방의 유력자인 촌주가 3년마다 조사해서 작성했다고 해.

해동성국 __ 고구려를 품은 발해

도담 언니! 역사책에서 해동성국을 봤는데 이건 무슨 말이야?
얼어있던 국물을 녹인다는 뜻인가? 그게 왜 여기서 갑자
기 나오지? 뭔가 이상해!

언니 엑? 해동성국은 그런 뜻이 아니야. 그리고 국을 녹인다
는 걸 그렇게 한자로 쓰지도 않거든?

도담 그러면 무슨 뜻인데?

언니 해동성국이라는 말은 바다 동쪽에 있는 강성한 나라라
는 뜻이야. 고구려를 계승한 발해는 제10대 선왕 시기
에 전성기를 맞이했어. 중국은 당시 발해를 일컬어 '해
동성국'이라고 했지. 말하자면 '해동성국'이라는 말은
중극 측의 시각이 반영된 말이야.

도담 얼마나 발전했으면 이렇게 부른 거야?

언니 이때는 지금의 러시아 부근까지 발해의 영토가 확장되
었어. 넓어진 영토는 5경 15부 62주 체계로 통치되기도

했지.

도담 근데 5경 15부 62주에서 경, 부, 주가 뭐야? 하나도 모르겠네.

언니 5경에서 경은 수도를 뜻하는 말이야. 동경, 남경, 서경, 중경, 상경 등 5개의 경이 설치되었지. 부는 발해를 구성한 부족들이 중심이 된 단위야. 부 아래에는 몇 개 주가 포함되어 있어.

도담 오, 그러면 부가 주보다 큰 범위인 거네?

언니 맞아.

도담 그래도 해동성국이 생각보다 쉬운 말이었네! 근데 영토는 어떻게 넓혀지게 된 거야? 전쟁인가?

언니 말갈족을 대부분 복속시켜서 그래.

도담 말갈은 말 타는 사람들이야?

언니 말갈은 이전에 여진을 부르던 명칭이야.

도담 와우, 말갈은 어떤 지역에 있었던 거야?

언니 한반도 북부, 러시아 헤이룽강 지방 일대까지 있었던 것 같아.

도담 발해 대단했네. 만주 지역을 접수했던 고구려보다 더 넓은 영토를 차지했구나! 해동성국이라고 불릴 만해.

고려시대

호족 __ 협력과 탄압

도담 언니, 십자말풀이 하는데 처음 보는 단어가 있어.

언니 뭔데?

도담 '호족' 말이야. 들어본 것 같은데 어디서 들어봤더라? 호
랑이랑 관련 있는 단어인가?

언니 전혀 아니야.

도담 그럼 뭔데?

언니 호족은 후삼국 시대 때 나타난 지방 세력이야. 말하자
면 지금의 지역 정치인? 전혀 호랑이가 아니란 거지.

도담 알겠다니까! 그 호족이란 건 어떻게 형성되었는데?

언니 호족은 신라 말기 중앙 정부의 통제력이 약해지고 지방
유력자들이 독립적인 세력을 만들면서 형성되었어.

도담 와, 지방에서? 어떤 기반이 있었기에 독립적인 세력을
가질 수 있었던 거야?

언니 중앙의 권력다툼에서 패배한 왕족이 지방으로 내려간

사례도 있지만 대체로 군사력과 경제력이 뛰어난 몇몇 지방 세력들이 힘을 더해가면서 호족이 되었지.

도담 그럼 호족끼리 좋은 관계를 유지할 수도 있겠네! 지금도 재벌끼리 친분을 유지하기도 하잖아.

언니 맞아! 유력 호족들끼리는 서로를 존중하고 연대하기도 했다고 해.

도담 그렇구나~. 그러면 호족은 어떤 일을 했어?

언니 호족은 지방에서 독자적인 권력을 가지고 왕실과 직접 교류하기도 했어. 고려 초기부터 국왕 중심의 중앙집권적 체제가 강화되기 전까지 이어졌대.

도담 왕과 호족은 깊은 연관이 있을 것 같은데, 그 둘의 관계는 어땠어?

언니 왕과 호족의 관계는 시대별로 협력과 갈등이 다양하게 나타나서 단순히 '좋았다', '나빴다'로 특정하기는 어려워. 대표적인 것만 말해줄까?

도담 좋아! 호족과 협력했던 왕은 대표적으로 누가 있어?

언니 대표적으로는 고려를 세운 태조 왕건이 있어. 누군지 알지?

도담 응. 드라마에서 많이 봤어.

언니 왕건은 호족을 포섭하는 정책을 추진했어. 어지러웠던 후삼국 말기, 고려를 세운 왕건은 지방 유력자들을 무력으로 짓누르기보다는 그들을 대접해주며 자신의 편으로 만들고자 했어. 자신이 직접 유력 호족의 딸들과 결혼하거나 왕씨 성을 주변의 호족에게 내리는 등의 방법을 통해 호족 세력을 포섭했지.

도담 하긴 힘들게 세운 나라인데, 강력한 세력을 나라 안에 끌어들이지 못하면 결국 다시 나라가 여러 개로 나눠질 수 있으니까. 지방에서는 호족이 더 힘이 센 거잖아?

언니 맞아. 그래서 국가 초기에는 왕이 호족과 협력하고 연대하려고 했어. 하지만 그와 반대로 호족 세력을 탄압한 왕들도 있었지. 왜인지 알 것 같아?

도담 호족의 세력이 커지면 나라가 위험하니까? 너무 당근만 줄 수는 없잖아!

언니 비슷한 맥락이야. 대표적으로 광종 대에는 호족을 견제하고, 자신의 권력인 왕권을 강화하려고 했지. 호족을 숙청하는 경우도 있었어.

도담 왕과 호족의 관계는 서로 도움이 되면서도 견제해야 하는 존재인 것 같아. 호족이 아예 없다면 지방을 다스리는 것도 어려울 것 같거든…….

언니 맞아. 지방을 크게 다스리는 지도자가 없다면 왕도 부

담이 심했을 거야. 중앙집권체제가 보편화되기 전까지
는 여러모로 협력을 중시했겠지.

도담 십자말풀이 하나 때문에 그때 사회까지 알아버렸
네……. 그 시대에 태어났다면 왕족까지는 됐고 호족으
로 태어나고 싶다.

언니 너는 노비였을 걸?

도담 뭐라고? 언니도 노비거든.

언니 놀 생각만 하는 도담이보다는 잘 살겠지.

도담 됐어!

노비안검법 _ 노비를 위한 법?

언니 너 노비 알아?

도담 알지. 하녀 같은 거 아니야?

언니 음……, 하녀라고 보긴 어렵고…….

도담 노비의 정체가 뭐야, 대체? 노비는 어떤 존재야?

언니 노비에서 노는 남자종, 비는 여자종을 말해. 노비는 말
하자면 남여 천인을 이야기 하지. 재산으로 취급되고
상속이나 증여, 매매가 가능하였고 유사시에는 주인의
군사력이 될 수도 있었어.

도담 우와. 그럼 힘센 자들은 노비를 더 많이 차지하려고 했
겠네.

언니 맞아. 반대로 왕은 힘센 자들이 가진 노비의 수를 줄이
려고 했겠지.

도담 어떻게?

언니 음……, 고려시대에 만들어진 법이 있지!

도담 궁금해! 뭐야?

언니 바로 노비안검법이라는 거야.

도담 노비안검법이 뭐야?

언니 노비안검법은 원래 양인이었다가 노비가 된 사람들을 풀어주는 법이야.

도담 어? 이해가 잘 안 돼. 노비들을 어떻게 하겠다는 거야?

언니 노비들을 살피고 조사해서 그들이 부당하게 노비의 처지가 된 거라면 양인으로 만들어 주겠다는 거야. 대체로 전쟁 포로나 부채로 인해 파산하여 노비가 된 사람들이 대상이 되었을 거야.

도담 아~, 억울하게 노비가 된 사람들은 정말 좋아했겠다. 이런 좋은 법을 누가 만들었어?

언니 고려 초기에 광종이라는 왕이 만들었어.

도담 아! 왕이 직접 만든 법이구나. 이런 법을 제정한 이유가 뭐야?

언니 표면적으로는 억울하게 노비가 된 자들을 바로잡고 사회적 정의를 실현해 사회를 안정시키는 것이었지만, 실제로는 호족 세력을 누르고 왕권을 강화하기 위해 제정했어.

도담 호족들은 반대 안 했어? 내가 호족이었다면 궁 앞에 완전히 드러누웠어.

언니 ㅋㅋㅋ. 너 그러면 죽어. 호족들도 반대 많이 했지. 호족 말고도 반대하는 사람 많았어. 광종의 부인인 대목왕후까지도 반대했거든. 하지만 그 누구도 광종의 의지를 꺾을 수는 없었어. 광종 이후에도 반발이 있었고 급기야 성종때 노비환천법이 시행되었어. 노비안검법으로 양인이 되었던 사람들을 다시 노비로 만들었지.

도담 양인이 된 사람들을 다시 노비로 만든다니. 성종 너무 해. ㅜㅜ.

시무28조 __ 이제부터 도덕으로 통치한다

도담 언니, 뭐 읽어?

언니 마키아벨리의 『군주론』인데, 알아?

도담 뭐 그런 걸 읽어? 그게 뭔데?

언니 군주, 그러니까 왕에게 필요한 것이 뭔지에 대해서 말하는 책이야. 마키아벨리는 왕이 나라를 번영시키기 위해서라면 힘과 어느 정도 비도덕적인 행위가 필요하다고 생각했나 봐.

도담 비도덕적인 행위? 그러면 안 되는 거 아닌가? 대통령에게도 엄격한 법이 적용되는데.

언니 통치자에 대해 생각하는 관점이 다른 거지. 법이나 도덕을 중요하게 생각해 통치하는 경우도 있었어. 고려 초기라든지?

도담 고려? 그 옛날에도?

언니 16세기 군주론 이전 10세기에 제안된 「시무28조」라는 게 있는데, 그땐 유교가 유행이었거든.

도담 그럼 그「시무28조」라는 건 '군주론'처럼 책이야?

언니 왕에게 올리는 제안문 같은 거였어. 유교를 바탕으로 개혁 방안을 여러 가지 제시한 문서. 최승로라는 신하가 쓴 거야. 들어봤어?

도담 이름을 들으니까 좀 알 것도 같고…….

언니 와, 뭐야? 성장했네?

도담 근데 이름 말곤 '1도 모르겠어.'*

언니 말을 말자. 「시무28조」는 덕치사상을 통한 통치, 중앙 집권화 강화, 관료제 정비, 지방관 설치 등의 개혁을 제안한 개혁안이야.

도담 뭐라고? 덕치? 관료제?

언니 중앙집권은 저번에 배웠지? 덕치는 도덕으로 다스리는 통치 방식, 관료제는 규칙을 가지고 일을 나누며 계층화한 조직 구조야. 비유하자면 오늘날 회사에서 말단에 사원이 있고 그 위에 대리, 과장, 차장, 부장, 사장이 있는 것과 같은 조직 구조인 거지.

도담 아, 그럼 정말 마키아벨리(?)랑은 다른 내용을 제안한

---

* '하나도 모르겠어'에서 '하나'를 '1(일)'로 바꾸어 쓰는 말이다.

거네.

언니 최승로는 도덕에 의한 통치를 주장했으니, 마키아벨리와는 강조점이 다르지. 성종은 「시무28조」를 승인하였고 이를 바탕으로 중앙집권체제가 강화되었어. 국가는 이전보다 체계적인 시스템을 갖추고 안정적으로 발전할 수 있었지.

도담 역시, 도덕 정치가 이긴다!

언니 그냥 '군주론'을 싫어하는 거 아니야?

도담 그거야 '군주론'처럼 힘만 있는 왕이 나라를 잘 다스린 경우는 없잖아?

언니 그렇게 생각해?

도담 그럼! 나는 모든 통치자에겐 도덕이 필요하다고 생각해!

언니 그럼 또 다른 사례가 있는지 네가 알아보는 것 어때? 아예 절대적인 군주가 다스린 왕조라든지.

도담 흠, 정말 없으면 언니도 인정하는 거지?

언니 그래~. 오늘의 숙제. 절대 군주가 다스린 왕조 찾아오기!

도담 언니 숙제 떠맡기는 것 같은데…….

언니 에이, 그럴 리가. 그럼 다녀와~.

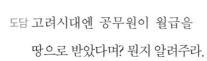

전시과 __ 전 좋아해? 전 싫어요

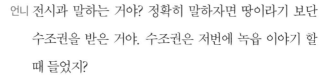

도담 고려시대엔 공무원이 월급을
땅으로 받았다며? 뭔지 알려주라.

언니 전시과 말하는 거야? 정확히 말하자면 땅이라기 보단
수조권을 받은 거야. 수조권은 저번에 녹읍 이야기 할
때 들었지?

도담 에헴. 생각 나는 거 같기도 하고. 근데, 전시과가 정확
히 뭐야?

언니 전시과는 국가의 관료와 직역을 담당하는 자들에게 그
지위에 따라 전지와 시지를 지급해 준 제도야.

도담 전지랑 시지가 뭐야?

언니 전지는 농사짓는 땅을 말하고, 시지는 땔감을 얻을 수
있는 땅을 말해.

도담 아무한테나 걍 주는 건가?

언니 아니. 국가에 기여한 정도에 따라 달리 지급했고, 지급

하다 보니 아니다 싶었는지 여러 번 고쳐 운영했어.

도담 오. 어떻게 고쳤는데?

언니 시정전시과, 개정전시과, 경정전시과 순서대로 고쳤다
고 해.

도담 시정전시과는 뭐야?

언니 시정전시과는 말하자면 처음으로 정해진 전시과로, 경
종 때 실시되었어. 광종때 제정된 4색 공복제가 은근하
게 반영되어 있긴 한데 대체로 국왕은 그 사람의 인품
을 고려하여 토지를 분배해 주었어.

도담 말이 인품이지, 그냥 예뻐하는 사람 준 거 아냐? 공신과
호족은 좋았겠다. 개정전시과는 뭐야?

언니 개정전시과는 목종 때 시행되었는데, 처음 실시한 시정
전시과를 고쳐 개선한 거야. 기존에는 인품이 많이 반영
되었는데 이제는 관리의 등급이 기준이 되었지. 고위 관
료일수록 많이 지급받았어. 양반, 즉 문반과 무반, 그리
고 군인에게도 지급되었고 전직과 현직관료에게 다 주었
어. 근데 이때까지 만해도 문관에게 후하게 주는 등 무관
을 차별했어.

도담 무관을 차별하다니 너무해. 무관이 없으면 나라는 누
가 지켜주는데.

언니 그래서 경정 전시과에서는 개선된 모습이 나타났어. 경
   정전시과는 개정전시과를 또 한번 고쳐서 실시한 거야.
   여기서부터는 문관과 무관의 차별이 완화되었어. 그리
   고 전직 관료까지 주기 '빡셌'는지 현직에게만 줬다고 해.

도담 차별이 완화되어 다행이다.

언니 지금까지 말해준 내용을 보면 알겠지만, 전시과는 시간
   이 지날수록 대상이 줄어들고 액수가 줄어들었어.

도담 그렇지. 계속 나눠주다 보면 나눠줄 수조권이 부족해질
   것 같기도 해. 제도라는 건 시대의 상황에 따라 계속 변
   화해갔구나.

과거제 __ 시험을통해 관리를 뽑도록 하지!

도담 언니, 과거제가 뭐야?

언니 과거제? 그 정도는 알지 않니? 우리 사극에서도 많이 봤
잖아?

도담 나도 들어보긴 했는데, 정확히 알고 싶어서. 우리 반에
서 친구들끼리 시험 답 맞춰보다가 서로 다르게 고른
게 있었는데, 답이 아닌 걸 고른 애가 계속 우겨서 맞는
답을 고른 애를 구박하는 거야. '너는 예전에 살았으면
과거제는 치르지도 못했을 거다.' 이러면서 싸웠거든.
근데 왜 치르지도 못한다고 말했을까 궁금했어.

언니 그랬군. 먼저 기초부터 설명해 줄게. 과거제는 시험을
쳐서 관리를 뽑는 제도야.

도담 그러면 쟤는 과거에 살았으면 공부로는 성공 못 한다고
욕한 거네? 근데 과거제는 언제 시작된 거야?

언니 우리나라에서 본격적으로 과거제 도입이 시작된 건 고

려 광종 때야. 광종 때 쌍기라는 사람이 건의해서 실시
되었어.

도담 쌍기? 이름이 엄청 특이하네. 한국 사람 맞아?

언니 쌍기는 중국에서 귀화한 사람이야. 중국에서 실시하던
걸 광종에게 건의했지.

도담 근데 과거제를 왜 실시한 거야?

언니 고려 초기에는 많은 호족이 있었고 이들 간 갈등과 힘
의 불균형으로 왕권마저 위협받았기 때문에 자신에게
충성하는 신하를 뽑기 위해 실시했어. 과거제 시행의
주요 목적은 정치적인 안정을 유지하는 것이었어.

도담 그렇구나! 과거제에서는 뭘 중요하게 생각하고 뽑은 걸까?

언니 유교 경전으로 시험을 치렀으니, 개인의 유교적 학문
소양을 중시해서 뽑았겠지? 시험으로 관리를 뽑았다는
면에서 음서제와는 차이가 있어.

도담 음서제는 뭔데? 갑자기?

언니 고려시대나 조선시대 때 관인의 자손을 시험 없이 등용
시켜 준 제도야.

도담 아니, 시험 없이 뽑아줬다고? 이건 채용 비리 아닌가?
실력과 상관없이 누구 자식이라서 공무원 시켜주면 너
무 불공정하잖아!

언니 지금 시대에는 채용 비리지만, 과거에는 그런 문제의식이 없었지.

도담 그럼 과거제를 만들지 말든가, 공부한 사람 힘 빠지게. 근데 과거제는 아무나 다 도전해 볼 수 있던 거야?

언니 양인 이상이라면 누구나 볼 수 있었어.

도담 양인?

언니 양반과 평민을 포함하는 신분이야. 노비 빼고는 대체로 다 양인이라고 볼 수 있어.

도담 양반만 과거시험에 응시할 수 있는 줄 알았더니 평민도 볼 수 있었다고? 생각보다 열린 사회네.

언니 근데 실제적으로는 평민은 농사일과 과거 공부를 병행하기 어려웠을 거야. 그러니 평민은 과거 합격이 더 어려웠겠지. 고된 노동을 하지 않고 매일 글공부만 할 수 있는 양반과 매일 농사일을 하면서 공부를 해야 하는 평민은 아예 출발선이 달랐다고 할 수 있지.

도담 타고난 사회, 경제적 배경은 예나 지금이나 누군가에겐 극복하기 어려운 조건인 거 같아.

언니 오. 도담이가 어쩐 일로 이런 진지한 이야기를 ? 그래서 오늘날에는 과정이 평등할 수 있도록 제도적 장치를 만들어 두었지.

도담 과정이 평등? 그건 또 뭐야?

언니 지금 네가 다니는 학교를 예로 들 수 있어. 국가가 정한 교육과정에 따라 전국의 중·고등학생들은 같은 내용을 학습하지. 나아가 결과도 평등할 수 있도록 많은 제도로 보완하고 있어.

도담 결과의 평등은 뭐야?

언니 모두가 같은 출발점에서 시작하지 않으니, 결과가 평등할 수 있도록 핸디캡을 가진 사람들에게 추가적으로 배려해주는 거지.

도담 그렇구나. 예를 들면?

언니 가정 형편이 안 좋거나 몸이 불편한 사람에게 별도의 전형 기회를 마련해 주는 정책?

도담 누군가에게 주어지는 특별한 혜택이라고 생각했는데, 출발이 뒤처지는 사람들을 위해 사회가 배려해준 장치였구나. 설명 고마워.

문벌 __ 악법도 법! 그럼 문벌도 벌?

도담 문벌? 문벌이 뭐야?

　　벌……, 위이이이잉?

언니 그게 아니라 문벌은
　　여러 세대에 걸쳐서
　　고위 관료를 배출한
　　걸 말해.

도담 고위? 기득권이구나! 능력 좋네.

언니 그래. 문벌은 '위이잉' 벌이 아니라 기득권층이야. 그런
　　데 권력은?

도담 많으면 많을수록 좋은 거 아니야?

언니 그래서 문벌은 권력과 지위를 계속 가지기 위해 왕이나
　　문벌들끼리 결혼해서 가문의 지위를 계속 유지하고자
　　했어.

도담 못됐다. 어떤 집안들이 있어?

언니 고려시대 전기 대표적인 문벌로는 경원이씨가 있어. 이
　　자겸이 바로 경원이씨 출신이지. 이자겸의 난 알아?

도담 이자겸의 난? 그게 뭐야? 알려줘.

언니 인종 때 일어난 일이야. 예종이 이자겸의 둘째 딸과 결
　　혼하여 인종을 낳았어.

도담 어, 그럼 이자겸은 외할아버지잖아?

언니 그게 다가 아냐. 이자겸은 셋째딸 넷째딸을 인종과 결
　　혼시켰어.

도담 으악! 그럼 인종은 엄마의 동생, 이모랑 결혼한 거잖아?

언니 맞아. 인종에게 이자겸은 장인어른이자 외할아버지였
　　지. 인종에게 딸들을 시집보내고 나서 이자겸의 영향력
　　은 점점 커졌고 권력 남용이 심해졌지.

도담 인종, 불쌍하네.

언니 이자겸은 자신도 왕급으로 대우받고자 했어. 이게 인종
　　의 심기를 건드렸지. 인종과 측근들은 이자겸을 제거하
　　고 왕권을 강화하려고 했어. 이를 눈치챈 이자겸은 척
　　준경과 함께 '선빵'으로 인종을 공격하는 반란을 일으켰
　　어. 이게 바로 이자겸의 난이야.

도담 헐, 선빵 필승?

언니 하지만 인종이 척준경을 꼬셔 이자겸을 제거해.

도담 이야, 어제의 같은 편이 오늘은 적? 문벌 때문에 나타난 또 다른 사건은 없어?

언니 묘청의 서경 천도 운동이랑 무신 세력이 일으킨 무신정변이 있어.

도담 오! 묘청의 서경 천도 운동부터 알려주라.

언니 서경, 그러니까 지금으로 치자면 평양이야. 서경 출신이었던 묘청이라는 스님이 서경으로 도읍을 옮길 것을 주장했어. 천도를 하면 모든 일이 좋아진다고 주장하며, 금나라를 공격해 옛 땅도 되찾자고 말했지.

도담 천도는 뭐야?

언니 수도를 옮긴다는 의미야.

도담 아하. 그러고 보니 서경은 고구려의 수도였잖아! 옛 영광을 되찾고 싶은 건가?

언니 그런 의도도 있었을 거야. 근데 개경 중심의 문벌 등 개경파들이 천도에 반대했어.

도담 아니 근데, 개경파는 수도를 옮기는 데 왜 반대한 거야? 수도 옮기면 좋을 거 같은데! 으리 번쩍! 막…… 건물도 새로 짓고……. 새 궁궐에서 근무하면 좋을 거 같은데.

언니 음, 이건 좀 복잡한 문제야. 왕이 있던 시대에 '중앙'이란 건 '왕이 있는 장소'라는 뜻이야. 그래서 개경은 '중앙'이었던 거고. 나머지 지역은 지방인 거지. 근데 왕이 수도를 서경으로 옮겨버리면 서경세력이 중앙세력이 되는 거고, 개경파들이 지방세력이 되는 거야. 개경파는 주도권을 잃을 수도 있는 일이야. 그렇다고 일가족이 전부 짐 싸서 서경으로 이사 가는 것도 쉽지 않은 일이고.

도담 아, 그래서 싫어했구나.

언니 응. 근데 개경파의 반대도 모자라 서경에서 천재지변이 일어났어.

도담 애매해졌군.

언니 인종은 결국 서경 천도를 안 하기로 했지. 그러자 묘청은 서경에서 반란을 일으켰어. 서경에 새로운 나라 대위를 세웠지.

도담 포기를 안 했네.

언니 인종은 문벌 김부식을 시켜 묘청의 난을 진압했어.

도담 서경 세력 아깝네. 개경 문벌 중심의 사회를 엎을 수 있는 기회였는데…… 이제 무신정변에 대해 알려주라.

언니 그건 다음 기회에!

무신정변 __ 군인들이 왜 화가 났을까?

언니 동생아, 너 영화 〈서울의 봄〉 봤어?

도담 당연하지. 12·12사태! 군사반란으로 정권이 바뀐 내용을 담은 영화 맞지?

언니 맞아. 근데 너 고려시대에도 비슷한 일이 있었다는 거 알아?

도담 고려시대에도 이런 일이 있었어?

언니 어, 고려시대에 일어난 군사반란을 무신정변이라고 해.

도담 무신정변? 그게 왜 일어난 거야? 무신들이 화가 나서 일어난 거야?

언니 어, 맞아. 원래 고려시대는 문신 중심의 관료 사회였거든. 고려 전기에는 군대 지휘권도 사실 문관이 쥐고 있었어. 서희, 윤관, 강감찬과 같은 유명한 장군도 사실은 다 문관이었지.

도담 헐. 이건 좀 자존심 상할 듯. 군인인데 문신의 지휘를 받아야 하는 거야?

언니 맞아. 최고 관직으로 승진하는 것도 문관 위주! 무신들은 차별을 많이 받았어. 그래서 무신들이 화가 나서 무신정변이 일어난 거야.

도담 차별받는 서러움~, 나 너무 잘 알지. 무신들이 화가 난 에피소드 하나만 말해주라.

언니 네가 받는 차별이 무신만 했을까? 마침, 아주 유명한 에피소드가 하나 생각났어. 한뢰라는 어리디어린 한 문신과 무신 대장군 이소응이라는 사람이 있었어. 이소응이 수박희*에 참가했는데, 젊은 장수에게 압도당한 거야. 이소응은 지쳐서 경기장 밖으로 도망가려 했는데, 이 어린 문신 환뢰가 대장군 이소응의 뺨을 때린 거야. 나이든 장군인 이소응은 뺨을 맞고 계단 아래로 굴러떨어지기까지 했어. 이 일로 무신들이 화가 많이 났지.

도담 늙은 사람 뺨을 때리다니! 노인 공경 몰라? 예의를 밥 말아 먹었네. 정말 나쁘다. 무신들이 화가 날 만했어. 그럼, 이후에는 어떻게 되었어?

언니 무신들이 정변을 일으켜서 눈에 보이는 문신들을 전부

---

* 두 사람이 일정한 거리를 두고 마주 서서 손으로 힘과 기술을 겨루는 경기라고 전해진다. 일종의 맨손 격투기.

다 보이는 족족 죽였어. 그리고 의종을 폐위시키고 새
로운 왕을 세웠어. 하지만 왕은 꼭두각시였지. 무신정
권을 주도했던 사람들은 정변 직후에 권력다툼을 해서
초반에는 혼란이 계속되었어.

도담 서로 권력다툼하면 제대로 되는 일이 없잖아.

언니 이때 최충헌이 등장해서 나름 혼란하던 상황을 정리했어.

도담 오! 최충헌! 들어본 거 같아.

언니 최충헌은 이의민을 제거하고 최고 집권자가 되어 정치,
군사면에서 권력을 잡았어. 교정도감도 설치했지.

도담 오~, 교정도감. 치아 교정이 생각나네. ㅋㅋ 그럼 누가
그 기구를 총괄했어?

언니 ㅋㅋㅋ. 교정도감을 총괄한 인물들은 교정별감이라고
　　 불러. 최충헌 이후 주로 최씨 가문이 이 교정별감 직책
　　 을 독점하며 국정을 총괄했어.

도담 최씨 가문? 아! 최씨정권이라는 말을 들어본 거 같은데,
　　 최씨정권이 뭐야?

언니 최씨정권은 고려 중기부터 후기까지 약 60여 년간 최씨
　　 가문이 교정도감을 통해 권력을 장악하며 지배한 무신
　　 정권을 말해. 이 시기는 무신정권의 전성기로 최씨 가
　　 문의 4대가 통치자가 되었어.

도담 오! 난 최우라는 사람은 아는데. 최우가 만든 기구는 뭐
　　 가 있어?

언니 너도 아는 게 있네. 최우가 만든 기구로는 정방, 서방
　　 등이 있어.

도담 나도 아는 거 있거든! 근데 무신 정권기는 문벌이 집권
　　 하던 사회 때보단 안정적이었겠지? 문벌정권의 문제점
　　 을 딛고 일어선 정권이니까.

언니 아니. 무신들도 결국은 고인 물이 되었어. 정치, 사회,
　　 경제적 특권을 문벌만큼이나 쥐고 놓지 않으려 했지.

도담 국제적으로도 혼란스러운 시기라고 들었어. 어떤 사건
　　 들이 있었어?

언니 무신정권기에 몽골제국이 등장하고 확장되었어. 또 남
　　송과 금나라 사이에서 지속적 갈등이 있었고, 일본에
　　가마쿠라 막부가 설립되었어. 유럽에서는 십자군 원정
　　과 라틴제국이 세워졌어.

도담 많은 일이 있었네. 무신정변의 영향이 궁금해.

언니 궁금한 것도 많네. 무신정변으로 고려 전기 문벌 사회
　　의 붕괴가 가속화되었어. 권력투쟁과 사회적 혼란이 계
　　속되어 왕실의 권위는 약화 됐어. 무신 중 일부는 원 간
　　섭기 권문세족이 되기도 했어. 말하자면 고려 후기까지
　　무신정변의 영향이 계속되었다고 볼 수 있지.

속현 __ 사또 없는 고을?

도담 언니! 학교에서 고려 지방제도에 대해 배웠는데 뭐가 뭔지 하나도 모르겠어! 속현이 뭐야?

언니 너 수업 시간에 졸았구나. 생각보다 쉬워. 속현이 뭐일 거 같아?

도담 수업 시간에 현이 지방을 뜻한다고 들은 것 같은데.

언니 언니가 정리해줄게. 고려는 건국 초 지방 세력이 강해서 한동안 지방관을 파견하지 못했어.

도담 건국 초라서 아직 완벽하지 않았구나.

언니 이후 성종, 현종 대를 거치면서 중앙집권 체제가 강화되었어. 5도 양계를 기틀로 한 지방제도가 마련되었고, 이 과정에서 기존 유력 지방 세력 중 일부는 향리가 되었어.

도담 중앙집권 체제가 강화되면서 지방 세력이었던 호족의 힘이 약화되었구나. 5도 양계는 뭐야?

언니 5도는 일반 행정 구역이야. 5도 아래에 군현과 특수행
　　정구역인 향, 부곡, 소 등이 있었어. 군현은 지방관이 파
　　견되는 주현과, 파견되지 않는 속현으로 구분되었지.
　　초기에는 속현의 수가 훨씬 많았으나 후대로 가며 점차
　　감소되었어.

도담 양계는 뭐야?

언니 동계, 북계를 부르는 말이야. 군사 행정 구역이야. 북쪽,
　　다른 나라의 침입을 받기 쉬운 지역에 군사 전문가를
　　파견했지.

도담 아하! 참, 속현은 뭐라고? 계속 놓치네.

언니 속현은 지방관이 파견되지 않는 지역!

도담 근데 지방관은 뭐야?

언니 각 지방에 머무르면서 그 지역을 행정적으로 책임지는
공무원이야.

도담 그럼 지방관이 없는 속현은 행정 사무를 담당하는 사람
이 없어?

언니 옆 동네에 있는 주현에서 처리해 줘!

도담 이제 궁금증이 사라졌어. 고마워.

신진사대부 __ old문세족 vs. new진사대부

언니 아~, 시험 보기 싫다.

도담 시험 기간이야? 오늘은 웬일로 역사 이야기를 안 해?

언니 마침 고려 말기 때부터 나타난 신진사대부라는 게 있었
　　거든.

도담 또 시작이네. 그거랑 시험이 무슨 상관인데?

언니 과거제는 저번에 알려줬지?

도담 응, 지금의 수능시험? 공무원 시험?이랑 비슷한 거잖아.

언니 신진사대부 대다수가 과거시험을 통해 관직에 오른 인
　　물들을 말하거든.

도담 아, 혹시 권문세족 반대편에 선 쪽이 신진사대부야?

언니 그렇다고 봐도 돼. 나름 눈치가 늘었네? 퀴즈 하나. 신
　　진사대부는 어떤 걸 주장할까?

도담 뭐? 권문세족의 반대에 있는 것밖에 모르는데……. 부
　　패한 권문세족의 반대라면, 변화를 좋아했나?

언니 정답. 신진사대부는 개혁을 추진했지. 그리고 그 당시에 새롭게 유행한 사상이 있었는데, 이건 알아?

도담 그걸 내가 어떻게 알아…….

언니 힌트는 유교의 한 흐름이라는 거.

도담 몰라! 그게 뭔데?

언니 정답은 성리학이야. 조선에서 흥행했지. 우주란 무엇이냐? 사람의 마음이란 또 무엇이냐? 공부는 어떻게 해야 하는가? 등등 세상 모든 원리를 설명할 수 있는 이론인데, 신진사대부에 영향을 미친 점은 교육을 중시했다는 거야. 앎의 가치를 알았지!

도담 공부는 싫다면서 이런 건 또 신나게 이야기하네. 그런데 신진사대부가 뭐하던 사람이었는데? 단순히 개혁 주장?

언니 아, 그걸 말 안 했나? 신진사대부가 중심이 되어 고려왕조를 무너뜨리고 조선을 건국했어.

도담 뭐라고? 그렇게 중요한 것부터 말해야지!

언니 그럼 재미없잖아. 조선 건국에 앞장선 대표적인 신진사대부로는 정도전이 있어.

도담 오! 정도전! 나 알아. 조선의 디~자이너! 와, 신진사대부는 조선 건국의 이념을 제공한 세력이었구나. 언니도 그런 사람이 되겠다는 야망을 갖고 공부를 해보는 거 어때? 과거시험에 합격해서 새로운 왕조를 만들겠다!

언니 지금 왕권 체제 주장해 봤자 이상한 취급 받겠지.

도담 아무튼 그런 포부를 가지라는 거지.

언니 그래, 너도 몇 년 안 남았다.

도담 아, 응원해 줬더니…….

언니 도담이 권문세족 말고 신진사대부 같은 사람이 되길.

도담 응원이야, 뭐야.

조선은 1392년 이성계가 개국해서 500여 년간 한반도와 부속 도서들을 지배했던 근세 국가야.

알아. 왕들도 엄청 많았지. 태정태세문단세~

조선시대

경국대전 __ 조선의 통치제도를 정리한 책

도담 언니, 나 수행평가 좀 도와줘.

언니 뭔데?

도담 경국대전에 대해 보고서를 만들어야 해.

언니 에잇. 한번만 말해줄 거니까 잘 들어.

도담 고마워!

언니 경국대전이 조선시대 기본 법제서인 것 정도는 알지?
      뭐부터 알고 싶어?

도담 물론이지. 음…… 난 경국대전이 편찬된 배경을 알고
      싶어. 왜 통일 법전을 만들려고 한 거야?

언니 국가 초기엔 대체로 불안정하고, 혼란한 상태지. '태정
      태세문단세~' 정도는 외우고 있지?

도담 물론이지. '태조, 정종, 태종, 세종, 문종, 단종, 세조~'잖아.

언니 국가를 막 세운 태조, 제 1·2차 왕자의 난이 일어난 후
      즉위했던 태종…….

도담 혼란하다, 혼란해. 그런데 세종 때는 뭔가 문물제도가 이루어졌던 것 같은데?

언니 그치. 근데 곧이어 즉위한 문종이 빨리 사망하고, 단종 때는 정변이 일어나는 등 총체적으로 조선 초는 어지럽고 혼란한 상황이었지. 피 튀기는 혼란을 수습하고 권력을 잡은 세조는 당시까지의 법과 제도들을 조화시켜 통일 법전을 편찬하고자 했어. 결국 성종 대에 완성할 수 있었지.

도담 아하, 그렇구나! 경국대전은 어떻게 구성되어 있어?

언니 경국대전은 분야에 따라 여섯 부분으로 나뉘어 있어. 이걸 6전 체제라고 해!

도담 6전 체제?

언니 나라 살림살이를 담당하는 6개 부서가 해야 할 일을 법전으로 정리한 것이지.

도담 여섯 개의 부서? 어떤 게 있어?

언니 이조, 호조, 예조, 병조, 형조, 공조가 있었어. 왠지 익숙한 이름들이지? 이 부서들이 해야 할 일을 적은 것이 각이전, 호전, 예전, 병전, 형전, 공전이야. 어떤 내용이 들어있을지 감이 오지 않아?

도담 응! 조금 알 것 같아. 예전은 예의범절? 국가적 의례나 교육에 대해 다루고 있을 것 같고, 병전은 국방, 형전은 사법, 나머지는…… 잘 모르겠다.

언니 간단하게 키워드만 설명하자면 이전은 관리의 인사 임명, 호전은 재정, 공전은 토목과 공사에 관한 사항을 다루고 있지. 그래도 많이 알고 있네.

도담 이 정도 아는 것만도 으쓱하네. 경국대전이 편찬된 건 어떤 의미인 거야?

언니 경국대전 편찬을 통해 조선은 법치주의에 의거한 통치 규범 체계가 확립되었다고 할 수 있어.

도담 엄청나네! 근데 법치주의가 뭐야?

언니 나라가 국민의 권리와 자유를 함부로 제한하지 않고 법으로 다스리고자 하는 걸 말해.

도담 오! 좋네!

언니 응……. 이제 다시 수행평가 하러 가.

도담 응, 고마워~.

대간 제도 __ 아……, 님, 그거 그렇게 하는 거 아닌데

언니 도담, 너 또 내 옷 입었지?

도담 아니야, 내가 언제 입었다고 그래!

언니 뭐? 아니긴 뭐가 아니야. 여기 옷에 스며든 마라탕 국물 보고도?

도담 아, 빨래하면 되잖아. 언니는 나한테 왜 그래?

언니 나? 대간 같이 네가 잘못하면 바로 잡아주는 사람이다!

도담 대간? 그게 뭐야.

언니 고려시대 어사대의 관원과 중서문하성의 낭사가 함께 했던 역할인데, 조선에서는 3사가 대간 기능을 수행했지!

도담 3사 12?

언니 구구단이 아니고, 사헌부, 사간원, 홍문관을 함께 부른 말이야.

도담 그럼 대간은 구체적으로 어떤 일을 했어?

언니 사극을 보면 '아니되옵니다'라고 하는 사람들 있지? 왕

이랑 국가의 일에 대해 의논하는 사람들이야. 왕이 잘 못하고 있는 것에 대해 따끔하게 말할 수 있는 사람들이었지. 그리고 관리들의 질서를 바로잡고, 관리 임명에 대한 동의권을 행사했어. 특히 관리의 인사를 검증하는 것을 서경이라고 하는데, 재상은 물론 하급 관원 인사에도 관여했어.

도담 무슨 말인지 하나도 모르겠사옵니다.

언니 요즘으로 말한다면 관리들의 일탈을 바로잡는 점은 감사원, 관리의 임명에 대한 동의를 구하는 서경은 인사청문회, 간쟁과 봉박은 오늘날의 언론매체나 국회의 기능과 비슷하다고 할 수 있지.

도담 근데 의견이 다르다고 왕이랑 싸우면 어떻게?

언니 그래서 자유로운 발언을 위해 대간의 말이 처벌하지 않
    는 대간 불가죄가 있었대.

도담 우와, 다행이다. 근데 많은 일을 하니 힘들겠다. 그럼
    여러 가지 일을 하니까 아무나 선발되지 않았겠다.

언니 대간을 임명할 때 적합 심사를 엄격하게 해서 관리들도
    대간직에 임명되는 것을 영광으로 생각했대.

도담 와, 일만 많이 하는데 그걸 왜 영광으로 생각하지?

언니 모든 사람이 다 너 같은 사람이 아니야.

도담 이러네.*

---

* 어이없을 때 '이렇게 하네'라는 뜻이다.

지방관 __ 고을은 내가 책임진다

도담 언니, 사또랑 지방관은 같은 거야?

언니 사또는 수령이라고도 하는데, 지방관의 하위 개념이야.
지방관은 특정 지역의 안전과 경제, 행정 등을 관리하
는 직책으로 사또 외에도 관찰사 같은 사람들도 포함되
었지.

도담 음 그렇구나~. 사또가 하는 일은 뭐야?

언니 사또가 해야 할 일을 수령 7사라고도 불러. 농사와 양
잠을 잘해야 한다는 농상성, 인구수가 늘어야 한다는
호구증, 학교가 잘 운영되어야 한다는 학교흥, 군사를
잘 정비해야 한다는 군정수, 부역이 균등해야 한다는
부역균, 소송이 간편해야 한다는 사송간, 나쁜 사람이
없어야 한다는 간활식으로 정해져 있어.

도담 과로사하는 거 아니야?

언니 해야 할 일이 많긴 했지만, 권한도 많았어.

도담 그렇다 해도 너무 많은데. 도와줄 사람은 없었어?

언니 향리가 있었지.

도담 향리? 향리가 뭐야?

언니 지방관을 보조하면서 일하는 역할을 담당하는 관리들이야. 지방관들은 대부분 양반 출신인 반면, 향리는 지방 출신 중인이었고, 세습되었어.

도담 그러면 향리는 지방관보다 낮은 지위인 거네?

언니 맞아. 지방관이 전체적으로 통솔하고 정책을 집행하는 역할이었다면, 향리는 행정 업무를 하며 지방관을 보조하는 게 역할이었어. 고을의 실무행정을 향리가 도맡았지.

도담 지방관이 바뀌면 향리도 바뀌었어?

언니 지방관은 임기가 있는 반면, 향리는 세습되었기 때문에 계속 같은 곳에서 일했어. 참고로 사또는 상피제라는 법 때문에 자신이 태어난 고을에는 발령되지 않아.

도담 그렇구나! 조선시대 행정 체계가 이렇게나 잘 짜여 있었구나. 신기하다.

사대교린 _ 굽신굽신?

도담 옛날에 조선은 중국과 어떻게 교류했을까?

언니 조선은 외국과 교류할 때 사대교린이란 정책을 사용했어.

도담 사대? 교린?

언니 사대는 큰 나라를 섬긴다는 뜻이고, 교린은 이웃과 교류한다는 뜻이야.

도담 큰 나라면 중국이지?

언니 맞아. 조선은 중국을 섬기고, 중국의 선진문물과 문화를 받아 국가 발전을 하고자 했어.

도담 그러면 교린은 어떤 나라와 했던 거야?

언니 주로 중국 주변 국가였어. 일본이나 여진과 친하게 지내면서 평화를 유지하고 경제적으로 교류했지.

도담 실제로 뭘 교류했어? 더 자세히 알려줘!

언니 중국에서는 여러 책과 제도를 받았어. 역사서나 농업 서적은 조선의 학문과 기술 발전에 도움을 줬어.

도담 교린 관계였던 일본하고는?

언니 조선은 일본에 책과 쌀, 옷감 등을 주고, 일본은 조선에 구리, 유황 등을 주었어.

도담 그렇구나. 교린정책으로 주변국과 평화롭게 지내면서 안전하게 나라를 발전시키고자 했던 것 같아.

언니 정확해! 사대관계가 상하관계라면 교린관계는 친구 관계와 비슷하지.

도담 이런 모습을 통해 내가 어떻게 살아야 할지 알아냈어. 언니에겐 사대하겠어. 도민(동생)에겐 교린해야지. 근데, 언니 나랑 교린할 생각은 없어?

언니 아는 게 많아지니 덤비는군.

도담 무슨 말씀을 섭섭하게. 잘 모시겠습니다.

사화 __ 훈구vs사림?

도담 한국사는 가만 보면 작은 싸움의 집합 같아.

언니 모든 역사는 다 그래. 분쟁 없이는 역사가 쓰일 수 없는걸. 뭘 봤길래 그래? 전쟁?

도담 사화들 말이야. 무오사화, 갑자사화, 기묘사화. 을사사화. 역사 시간에 배웠는데 왜 그리 싸우는지 모르겠어.

언니 아, 사화는 정확히 말해서 조선시대 선비들이 반대파에게 몰려 화를 입은 사건을 말해. 훈구파와 사림파의 대립이……

도담 맞아! 개념도 각자 어떤 개념인지도 헷갈리는데, 계속 다투기만 하니까 이해도 안 된단 말이야.

언니 어떤 사람들인지부터 알아볼까? 훈구파는 어떤 사람이라고 들었어?

도담 훈구파는 주로 세조의 즉위에 기여한 사람들이라고 들었던 거 같아. 이를테면 한명회 같은?

언니 맞아. 그에 비해 사림은 조선 개국에 참여하지 않은 신진사대부의 후예 세력들을 말해. 주로 지방 출신 유학자들이 속한 곳이야. 조광조나, 이황, 이이 같은 사람들.

도담 이황이랑 이이라니, 천 원이랑 오천 원짜리 지폐에 있는 사람들?

언니 응, 세종대왕 버금가게 유명한 사람들이지. 훈구파와 사림파는 어떤 차이가 있는지 알고 있어?

도담 글쎄……, 훈구파는 대다수가 고위 관직을 독식했고, 사림파는 과거시험을 통해 성종 이후 관직에 진출했다는 정도는 알아.

언니 맞아. 훈구파는 대부분이 공신인 만큼 조선 전기에 권력을 독차지하고 있었거든. 그런데 사림은 훈구파가 권력을 중앙에서 꽉 쥐고 있던 시기에 등장했지. 마치 고려말에 권문세족의 틈새를 비집고 중앙정계에 신진사대부가 등장했듯이, 조선 전기에도 신진사대부들이 삐죽! 중앙정계에 나타나기 시작했어.

도담 꼬리를 계속 무네. 신진 세력의 등장은 정치에 새바람을 불러왔겠지?

언니 그럼. 신진 세력들은 고인 물을 새롭게 갈아주는 역할을 하지. 아무튼, 두 세력은 왕의 통치를 바라보는 관점이 달랐어.

도담 어떻게 달랐는데? 알려줘!

언니 훈구파는 왕권 중심의 통치를 선호했고, 유교적 이상보
다는 실용적인 방안을 중시했어. 반면 사림파는 성리학
에 기반한 유교적 도덕 정치, 왕권과 신권의 균형이 있
는 통치를 선호했지. 유교적 이상을 중시한 거야.

도담 왕권과 신권의 균형이라니? 이때도 신을 믿었어?

언니 아니, 그 신이 아니라 신하 할 때의 신이거든. 왕만 중시
하지 않았다는 거지.

도담 아하!

언니 이제 차이점은 알았지? 사화는 이해가 돼?

도담 아니, 전혀! 무오사화랑 갑자사화는 알겠는데, 기묘사
화는 좀 어려워.

언니 무오사화는 사림파의 조의제문이 문제였고, 갑자사화는
폐비 윤씨 사건으로 연산군이 훈구파와 사림파 가리지
않고 처벌한 사건이었지. 기묘사화는 어디까지 알아?

도담 주초위왕! 조광조가 왕이 될 것이다! 그 나뭇잎 말이야.

언니 오, 그건 아네? 또 드라마에서 봤어?

도담 음……, 인터넷에서 봤어.

언니 그럴 줄 알았어. 기묘사화는 중종이 즉위한 뒤에 사림파

의 조광조가 급진적 개혁을 추진함에 따라 훈구파의 반발이 일어나며 일어난 사건이야. 조광조가 왕이 될 것이다, 라는 메시지를 이유로 반역이 일어날 것이라고 견제한 거지. 결국 조광조는 죽었고, 사림파는 귀중한 인력을 잃었지.

도담 사림은 계속 당하기만 하는 것 같아. 사화 셋 다 사림파가 손해 같은데……. 마지막 을사사화는 어땠어?

언니 그건 그냥 외척들끼리 싸움에 사림이나 훈구가 다 엮여 피해를 입은 거야. 이렇게 보니 진짜 사림이 피해를 입은 건 무오사화, 기묘사화밖에 없는 거 같은데. 갑자사화나 을사사화는 두루두루 피해를 입은 것 같아.

도담 근데 어쨌든 사림이 입은 피해가 큰 거 같은데…….

언니 그런데 그거 알아? 네 말대로 사림파는 엄청 피해를 입었는데, 계속 부활하면서 세력을 다져서 결국 조선 중기부터 정치의 주도권을 잡았다는 사실!

도담 헐, 진짜? 왠지 응원하게 됐는데 다행이다. 비결이 뭐야?

언니 지방으로 돌아가 서원과 향약을 바탕으로 계속 영향력을 행사했다고 해. 끊임없이 세력을 재생산할 수 있었던 거지.

도담 대단하네, 사림. 지방에서 계속 공부를 열심히 해서 살아남은 거구나!

언니 그래 맞아. 그래서 말인데 이제 도담도 좀 공부를 해보는

　　게 어때?

도담 아, 알았다고. 공부하면 될 거 아냐?

언니 다음부터는 수업에도 집중해.

도담 알았어.

서원 __ 사립과 공립

도담 옛날에도 대학 같은 게 있었어?

언니 있지, 그럼. 왜?

도담 과거시험이 수능 같은 거면, 대학도 있나 궁금해서.

언니 대학이라면 성균관 정도? 그렇지만, 서원이나 향교 같
　　은 교육 기관들이 있었어. 과거시험을 수능으로 치면
　　전후 관계가 다를지도 모르지만…….

도담 둘 다 들어본 것 같아.

언니 그렇지? 서원은 조선시대 교육과 제사 기능을 함께한
　　기관인데 현대의 대학에 가깝단 평들이 있거든. 자유롭
　　게 학문 탐구가 가능하고, 전문 지식으로 인재를 양성
　　하고, 문화적 중심지가 될 수 있다는 점 등에서.

도담 그럼 서원이랑 향교를 비교하면 서원이 더 대학에 가까
　　운 거야?

언니 사립과 공립으로 볼 수도 있지. 서원은 사설 교육 기관

이고 향교는 국립 교육 기관이거든.

도담 아하. 서원은 어떻게 나왔는데?

언니 전에 말한 사림파 기억하지? 서원은 성리학이 확산하고
사림파가 떠오르며 생겨난 곳이야.

도담 어떤 연관이 있길래 그래?

언니 성리학에서 강조하는 게 뭐다?

도담 교육! 맞지?

언니 맞아. 성리학을 바탕으로 학문과 유교적 이상을 추구하
는 사람들이 늘었거든. 그걸 이유로 만들어진 곳이 서원
이야. 유교 경전을 중심으로 교육하곤 했지.

도담 그럼 향교는 서원이랑 어느 부분에서 달라?

언니 향교는 국가가 설립해서 유교 교육을 위주로 한다는 점
이 다르지. 그리고 서원은 이름난 선비, 그러니까 뛰어
난 유학자에 대한 제사를 지낸 반면, 향교는 공자와 그
제자들의 제사를 지냈어.

도담 그렇구나……. 언니는 두 가지 대학 중에 어딜 갈래? 나
는 간다면 서원?

언니 받아주면 어디든 가야지.

도담 우문현답이네.

언니 공부나 해. 대학 가야지. 서원, 만만치 않다?

도담 언니 때문에 한국사 공부는 순조롭게 하잖아.

언니 고마운 줄 알면 됐고.

도담 얄미워!

양천제와 4신분제 __ 조선시대 신분제도

도담 언니, 양천제라는 건 두 명의 천재라는 뜻이야?

언니 설마? 양천제는 조선시대 법적 신분제도야.

도담 신분이 어떻게 구분되는데?

언니 양인과 천인으로 구분이 되지. 양인은 세금과 군사적
    의무를 지고 과거시험을 통해 관직에 진출할 수 있었
    어. 하지만 실질적으론 4신분제로 분화되어 운영됐지.
    4신분제에서는 양인이 또 양반, 중인, 상민으로 나뉘어.

도담 외울 게 많아졌군. 양반은 하는 일이 뭐였어?

언니 양반은 지배계층으로, 문반과 무반으로 나뉘었어.

도담 문반? 무반?

언니 문반은 행정관료인 문신 관료. 무반은 군인인 무신 관
    료를 뜻해.

도담 아하! 정치를 하거나 군사적 의무를 지라는 거구나?

언니 맞아. 관직에 진출해 정치와 군사를 주도했어.

도담 그러면 중인은 뭐야?

언니 기술직인데, 통역사나 의사와 같은 직업을 가진 사람들이야. 오늘날로 치면 전문직인 거 같은데 당시엔 양반과 상민의 중간 정도에 위치해 있었지.

도담 음, 그러면 상민은?

언니 일반 서민이었어. 농민, 상인, 수공업자들이었지. 대부분 사람이 상민에 속했어.

도담 천인은?

언니 천인에 속하는 건 법적으로 노비밖에 없어. 하지만 천인 대접을 받는 사람들이 있었어. 광대, 무당, 백정 같은 사람들도 법적으로 많은 차별을 받고 자유롭지 못했어.

도담 진짜? 그런 신분은 뭘 기준으로 정해지길래 그러는 거야?

언니 부모님의 신분이 무엇이었는지가 가장 중요하지. 부모님이 양반이면 자식도 양반이고, 부모님이 노비면 자식들도 노비였어.

도담 노비랑 양반이 결혼하면 어떻게 돼?

언니 양반과 노비의 결혼은 법적으로 허용되진 않았어.

도담 서로 결혼도 못 하게 하다니, 너무해.

언니 그 당시에 노비는 사유물이라는 인식이 더 강했으니까.

도담 그래도 '찐'사랑으로 결혼하는 경우도 있었을 것 같은데?

언니 물론 양반과 천인이 부부가 되는 경우도 있었지. 만약
　　양반 여자와 남자 노비가 결혼해서 아이를 가진다면 아
　　이는 노비 신분을 가지게 됐어.

도담 헐, 내 아이가 노비가 되면 너무 슬플 거 같은데.

언니 그래서 애초에 신분을 넘어 결혼하지 못하게 한 것 같
　　아. 참, 홍길동 아니?

도담 알지 알지.

언니 홍길동이 양반과 천인이 결혼한 대표적인 케이스야. 아
　　버지는 양반이었지만 어머니는 노비였지.

도담 말하자면 홍길동은 노비 신분인 거네? 그래서 아버지를
　　아버지라 부르지 못하고, 형을 형이라 부르지 못한 거
　　구나.

언니 맞아. 조선시대에는 신분제의 장벽이 높았고 그에 따른
　　차별도 상당했지.

병자호란 __ 두 달간의 전쟁, 그리고 항복

도담 언니, 나 학교에서 영화 봤다!

언니 무슨 영화 봤는데?

도담 〈남한산성〉! 흠흠, 한 나라의 군왕이 오랑캐에 맞서 떳떳한 죽음을 맞을지언정 어찌 만백성이 보는 앞에서 치욕스러운 삶을 구걸하려 하시옵니까!

언니 대사까지 외운 거 보면 영화가 꽤 재미있었나 보다?

도담 응! 너무 몰입해서 그런지 영화 보는데 손에서 막 땀이 났다니까? 언니 우리 오늘은 병자호란 이야기하자.

언니 알겠으니까 진정해. 영화 봤으면 병자호란이 어떻게 일어났는지 알겠네?

도담 그러엄~! 청나라가 조선을 침략해서 전쟁이 시작된 거잖아.

언니 그래 맞아, 명을 무너뜨린 후금이 청으로 나라 이름을 바꾸고 조선에 군신 관계를 요구했다가 거절당하니까,

'빡쳐'서 12만 대군을 이끌고 조선을 침략했다지?

도담 군신 관계가 뭔데? 군인과 신하의 관계?

언니 정답이랑 꽤 비슷하게 유추했네. 신하는 맞았어. 저기
　　　서 말하는 군은 군인이 아니라 주군. 그러니까 쉬운 표
　　　현으로는 왕.

도담 그럼 왕과 신하의 관계? 뭔 소리야? 나라끼리 어떻게 왕
　　　이랑 신하 관계를 맺어?

언니 청은 조선이 자기 나라를 왕의 나라로 모시면서 신하처
　　　럼 따르길 바랐던 거야.

도담 웃기시네! 저런 말도 안 되는 요구를 해놓고 거절당했
　　　다고 화가 난 거야?

언니 아무래도 청 입장에서 조선은 청보다 한참 약하다고 생
　　　각했을 텐데, 그런 애들이 자기 요구를 거절하니까 더 화
　　　가 났던 거 아닐까? 게다가 인조는 왕으로 즉위하면서부
　　　터 계속 청을 배척했으니까.

도담 그래도 그렇지. 너무하잖아! 근데 청이 조선에 쳐들어
　　　오면서 인조는 신하들이랑 남한산성에 숨었잖아. 그 안
　　　에서도 신하들끼리 의견이 다르던데?

언니 그랬지. 의견이 달랐던 신하들은 대표적으로 최명길이
　　　랑 김상헌이 있었어. 네가 처음에 나한테 말해준 게 둘

중 누구의 명대사인지 알아?

도담 기억나! 김상헌이지?

언니 제법이네? 최명길은 일단 살아남아서 나라를 지켜낼 것을 주장했고, 김상헌은 오랑캐 앞에 엎드려 목숨을 구걸하느니 차라리 죽자는 입장이었어.

도담 난 김상헌 편이야. 그래도 한 나라의 왕인데 자존심이 있지! 어떻게 그렇게 쉽게 다른 나라에 고개를 숙일 수가 있겠어?

언니 그래? 난 두 입장 모두 이해가 되던데. 최명길은 더 큰 요구를 해오기 전에 차라리 지금 요구를 들어주고 조선을 지켜내자는 생각이었고, 김상헌은 지금 요구를 들어주면 오히려 나중엔 더 큰 요구를 당연하게 할 테니까 지금 태도를 유지해 조선을 지키자는 입장이잖아. 둘이 하는 생각은 달랐어도 조선을 아끼는 마음은 같았다고 생각해. 그래서 나는 둘 중 어느 한쪽을 고를 수 없을 것 같아.

도담 그런가? 언니 말 듣고 보니까 또 그런 거 같기도 하고. 인조는 결국 최명길의 말을 들어준 거지? 삼전도에서 청에 항복했잖아.

언니 응, 남한산성 안에 있던 인조와 신하들은 청의 군대에
포위당해서 성 밖과 완전히 단절된 상태였어. 그런 상
태로 시간이 계속 흐르니까 식량은 바닥났고, 인조는
그 상황에서 비굴하게라도 살아남는 걸 선택했던 거지.

도담 나는 인조가 청 황제한테 항복하는 모습이 너무 분해서
도저히 못 보겠더라. 자기가 왕으로 떠받들고 모시던
사람이 다른 나라 왕에게 무릎을 꿇고 절을 하는 모습
을 봐야 했던 백성들과 신하들의 마음은 얼마나 비참했
을까.

언니 나도 인조가 신하의 옷을 입고 청 황제 앞에서 삼궤구
고두례를 하는 장면은 괜히 울컥하더라.

도담 삼개…… 뭐?

언니 네가 보면서 그토록 분해 하던 그 장면 말이야. 그걸 삼
궤구고두례라고 해. 조선이 청의 신하 나라가 됐다고
인정하면서 청의 황제에게 세 번 절하고 아홉 번 머리를
조아렸다고 해서 삼궤구고두례!

도담 아아~ 3궤9고두례! 숫자라고 생각하니까 훨씬 쉽네.
아, 맞다. 언니 나 숙제 좀 도와줘!

언니 갑자기 무슨 숙제?

도담 학교에서 영화 보고 나서 학습지 채워오라 그랬는데 북

벌론이랑 북학론이 뭔지 모르겠어.

언니 아, 그건 아마 영화에 안 나왔을 거야. 병자호란 이후의 이야기거든. 북학론, 북벌론에서 나오는 북은 조선의 북쪽에 있는 나라, 청을 말해. 이 정도 힌트 줬으면 북 벌론이랑 북학론이 뭔지 대충 감이 오지?

도담 북벌론은 '벌'이니까 청을 정벌하자! 북학론은 청을 학 습하자?

언니 그렇지! 하나를 알려주면 열을 아는구먼? 역시 내 제자 다워. 네 말대로 북벌론은 병자호란 때 청에 받은 수모 를 되갚아주자는 입장이고, 북학론은 청의 발달된 문물 을 받아들이자는 입장이야.

도담 더 자세히 알려줘! 나 학습지 다섯 줄 이상 채워야 한단 말이야!

언니 자, 병자호란이 끝나고 많은 사람이 청에 인질로 잡혀 갔다고 했지? 그중엔 봉림대군과 소현세자도 있었는데, 청에 다녀온 두 사람은 정반대 주장을 하게 돼. 인조 다 음으로 왕위에 오른 봉림대군은….

도담 인조 다음은 효종인데? 봉림대군이 효종이야?

언니 그래 맞아. 이 효종은 청으로부터 받은 병자호란의 치 욕을 갚아주자며 북벌론을 주장했어. 겉으로는 청나라

비위를 맞춰주는 척하면서 뒤에서는 성과 무기를 새롭게 정비하고 군사력을 키우고, 엄청 열심히 전쟁 준비를 했는데 실행에 옮기지는 못했대.

도담 응? 왜?

언니 우선 백성들이 임진왜란이랑 병자호란으로 너무 힘들어하던 시기였어. 전쟁에 필요한 돈을 걷는다거나 전쟁에 참여할 사람을 구하는 게 어려운 상황이었지. 게다가 청의 감시가 엄청 '빡셌'대. 수시로 감시단을 보내 조선에 수상한 움직임이 없는지 감시했었나 봐. 그런 상황 속에서 효종이 즉위 10년 만에 사망하면서 북벌의 꿈은 그대로 무산된 거지.

도담 효종이 병자호란을 겪고 청에 인질로 끌려갔던 걸 생각하면 청에 대해 좋은 감정을 가지긴 힘들었을 거 같긴 해.

언니 효종과 같은 경험을 했음에도 다른 주장했던 사람도 있었어.

도담 아까 말한 소현세자?

언니 응, 청에 다녀온 소현세자는 청에서 예수회 선교사를 통해 서양 문물을 접했지. 효종과 달리 청의 문물을 받아들여 조선을 더 나은 나라로 발전시켜야 한다고 생각했어.

도담 소현세자, 마인드 멋있다! 상대가 나보다 강하다는 걸 인정하고 배우려는 자세는 진짜 본받아야 해. 그치, 언니?

언니 안타깝게 일찍 죽어 왕위에 오르지 못하는 바람에 실행에 옮기지는 못했지만, 이후에 나타난 박지원, 박제가 같은 사람들이 소현세자와 비슷한 주장을 했어. 이들을 북학파라고 불러.

도담 북학파의 의미도 잘 알았어.

언니 맞아. 자, 열심히 설명해 줬으니까 이제 학습지 다섯 줄은 쉽게 채울 수 있겠지?

도담 응! 언니 고마워~.

언니 너도 내가 강하다는 걸 인정하고 배우려는 자세를 가지고 있는 것 같아 뿌듯하군.

도담 으이궁.

대동법 _ "보여줄게, 완전히 달라진 나"

도담 언니, 사극 보는데 옛날 사람들이 세금을 쌀로 내고 있어.

언니 아, 저거 대동법인가 봐. 대동미를 징수하는 거야.

도담 대동법? 대동미가 뭐야?

언니 대동법은 조선시대 공물을 쌀이나 삼베, 무명 등의 직물, 혹은 돈으로 세금을 내도록 하는 납세제도야. 대동미는 공물 대신 바친 쌀을 말하는 거야.

도담 쌀? 근데 왜 쌀이야? 저것만 있어?

언니 대동법이 생기기 전에는 공납이라고 각 지방에서 생산되는 토산물을 냈어.

도담 그것도 괜찮은 방법 같은데 왜 바꼈지?

언니 공납은 여러 문제점이 있었대. 집마다 내는 거여서 재산이 고려되지 않았어. 쉽게 말하자면 너랑 삼성 이재용 회장이 같은 양의 세금을 내는 거야.

도담 내가?

언니 그리고 간혹 그 지역에서 나지 않는 물품이 배정되기도
했어.

도담 그럼 다른 거라도 내야겠네. 아님, 사야 하나?

언니 그치. 사거나 경제 상황이 힘들어도 공납은 반드시 내
야 했어. 그래서 백성들은 많은 어려움을 겪었어.

도담 제도적으로 보완이 필요했네.

언니 그치. 토산물을 직접 구하기 어려운 점 때문에 국가에
서는 백성을 대신해 업자들이 대신 낼 수 있게 했어. 이
걸 대납이라 했거든? 근데 대납도 문제가 많았어. 수수
료를 많이 떼거나 관리와 결탁해서 공납 내는 걸 방해
하는 '방납'이 일어났어.

도담 유전무죄 무전유죄냐.

언니 오. 그런 말도 알아?

도담 암. 나도 이제 달라진 도담! 근데, 언니! 대동법도 똑같이
쌀이나 다른 것들로 내니까 힘들지 않아?

언니 쌀은 전국에서 구할 수 있는 품목이라 산간 지역에서도
내기 쉬웠어. 그리고 대동법은 자신이 보유한 토지의 양
에 따라 세금을 부과했기 때문에 가난한 사람들의 부담
이 줄어들었어.

도담 오, 토지 보유량에 맞게 낸다니 이거 좋네. 부자들이 싫
어했을 거 같은데······.

언니 맞아. 그래서 대동법의 전국 시행에는 제법 오랜 세월이
걸렸지. 몇 년이나 걸렸을 거라고 생각해?

도담 길어도 4년? 6년? 옛날이니까 더 오래 걸렸으려나?

언니 대동법이 전국적으로 시행되기까지 무려 100년이 걸렸어.

도담 뭐 100년이나? 왜?

언니 토지를 많이 차지하던 집권층 양반부터 기존 공납제로
이득을 보던 말단 관료까지 반발했어. 대동법에 호의적
이지 않은 백성들도 있었고.

도담 헐······. 좋은 법인데 오래 걸렸다는 게 마음이 아프다. 기
득권의 양보를 얻어내는 건 예나 지금이나 쉬운 일이 아
니구나.

예송 __ 어차피 결론은 1년

언니 예송 사건이라고 들어봤어?

도담 상복!

언니 맞아. 유명하지? 조선 중기에 상복을 입는 기간을 두고
논쟁이 일어난 사건이야.

도담 그러니까. 왜 그런 게 문제가 되었담?

언니 그때 당시의 왕실 권위도 있고……. 사실 나도 이해가
잘 안되긴 해.

도담 참, 예송은 두 차례나 있었다며? 1차 예송 논쟁은 어떤
이야기였지?

언니 인조의 후계자 효종의 장례 문제였어. 효종은 적자이지
만 장자라고 보기는 복잡했거든.

도담 근데 적자는 뭐고? 장자는 뭐야?

언니 적자는 후궁의 자식이 아닌 중전의 아들이란 말이야.
장자는 큰아들이라는 말이고.

도담 아, 그렇구나. 계속해 봐.

언니 효종이 죽었을 때 인조의 부인이자 효종의 새어머니인
자의대비가 상복을 입어야 하는 문제가 발생했지. 이때
효종을 차자로 보고 1년짜리 상복을 입어야 하는지, 장
자로 보고 3년짜리 상복을 입어야 하는지에 대해 신하
들의 생각이 달랐어.

도담 왜 장자냐, 차자냐, 논쟁이 붙은 거야?

언니 효종에게는 본래 소현세자라는 형이 있었어. 소현세자
가 본래 장자였던 거지. 그런데 소현세자가 병으로 죽고
나서 둘째였던 효종이 차남인데도 불구하고 왕위에 올

랐어. 조선에서 왕위 계승은 적장자가 잇는 것이 원칙인데 효종은 장자가 아닌데 왕위에 오른 거지. 이에 대해 남인은 효종이 왕위에 오른 이상 '장자'라고 주장했고, 서인은 효종이 둘째로 태어났으니 '차자'라고 주장했지.

도담 둘 다 맞는 주장 같은데. 복잡하네. 왕족은 피곤하구나.

언니 응. 2차는 뭐 때문인지 알아?

도담 뭔데?

언니 효종의 부인인 인선왕후의 사망 문제야. 자의대비가 아직 살아있었거든. 남인, 서인의 논리는 1차 때와 같아서, 며느리를 첫째 며느리로 간주하고 1년짜리 상복을 입어야 할지 둘째 며느리로 간주해서 9개월짜리 상복을 입어야 하는지에 대해 또 한번 논쟁이 붙었어.

도담 같은 논리네. 각자 주장이 다 설득력이 있어서 정하기 어려웠을 것 같아.

언니 그렇지? 그래서 몇 년으로 판정되었을 것 같아?

도담 음, 3년과 1년 아닐까?

언니 노노. 1차도, 2차도 모두 결정된 건 1년이었어.

도담 아, 너무해. 그래도 2차 때는 더 긴 쪽이 이겼네?

언니 그렇지. 1차 예송논쟁 때도, 2차 예송논쟁 때도 왕은 현종이었는데, 현종 입장에서는 양반이나 평민과는 다른

취급을 받고 싶었을 테니까. 그래서 2차 때는 현종이 남
인 편을 들어줬어. 1차 때는 현종이 막 즉위한 직후라
정신이 없었던 것 같아. 2차 때는 각성한 거 같고.

도담 그런데, 이게 뭐가 그렇게 중요하다고 싸운 건지 이해
할 수 없네.

언니 때론 우리가 아무렇지도 않다고 생각하는 것이 누군가
에겐 생사를 걸 정도로 중요한 문제가 되긴 하지. 권력
의 세계는 복잡해.

실학 __ 실용성을 추구하는 학문이 있다고?

도담 언니 내가 오늘 한국사 시간에 실학이라는 걸 배웠는데
내가 조금 졸아서 기억이 잘 안 나. 언니는 실학이 어떤
학문인지 알아?

언니 수업 시간에 졸았다고? 역시 내 동생이네. 실학은 조선
후기에 나타난 실용적 학문으로, 기존의 형식적인 유교
경전 해석에서 벗어나 실생활과 직접 연관된 학문 연구
를 강조했어.

도담 음~, 실학이 그런 학문이었구나. 그럼, 실학의 목표는
뭐야?

언니 실학은 사회 개혁과 발전을 목표로 했어. 특히 농업, 상
업, 과학, 정치 등 실생활의 다양한 문제를 해결하려고
시도했어.

도담 그런 시도를 왜 해서 내가 이걸 공부하게 하는 거야? 실
학은 왜 등장했어?

언니 조선 후기에 상업과 농업의 발달로 경제와 사회 구조가
변화했어. 전통적인 양반 중심의 사회가 변동하면서 새
로운 사회적 요구가 발생한 거야. 또, 성리학에서 이론
연구가 심화되면서 실생활 문제를 해결하지 못한다는
비판이 커졌어. 중국과의 교류를 통해 서양의 과학기술
과 지리학, 천문학 등이 들어와 새로운 지식에 관한 관
심이 높아지기도 했지. 그러면서 등장한 게 실학이야.

도담 실학은 꼭 필요해서 등장한 거지? 그럼, 실학은 그 당시
조선 사회의 문제점을 어떻게 진단했대?

언니 실학자들은 조선 후기 사회 문제를 여러모로 분석했어.
그들은 주로 경제, 사회, 정치, 문화 영역에 집중했어. 경
제적으로는 과중한 세금, 불평등한 경제 구조에 집중했
고, 사회적으로는 신분제의 문제점, 양반층의 비생산적
생활에 집중했어. 정치적으로는 부정부패와 중앙집권
적 행정, 문화적으로는 형식적인 유교 경전 해석과 학문
의 폐쇄성 문제에 대해 주목했어.

도담 그럼, 그 문제점들에 대한 해결책은 어떻게 제안했는데?

언니 경제적으로는 기술 개선과 토지, 세금 제도 개혁을 주
장했고, 사회적으로는 신분제 완화, 양반의 생산 활동
참여를, 정치적으로는 부정부패 척결, 지방자치 강화

등을 제안했고, 문화적으로는 실용적 학문 강조와 서양 문물 수용 등을 제안했어.

도담 문제점도, 해결책도 다양하네. 그럼, 농업 중심의 개혁안을 제안한 사람은 누구야?

언니 너, 정약용 알아? 농업 중심의 개혁안을 제시한 사람으로는 정약용이 있어. 정약용은 마을 단위 공동 농장을 만들어 작물을 공동 생산하고, 노동력에 따라 수확량을 나누어 가지자는 의미로 '여전제'를 제안했어. 또 농민 보호와 부패 관리 척결에 관한 내용이 담긴 책인『목민심서』를 발행하기도 하였어.

도담 정약용 알지~. 그럼 상공업 중심의 개혁안을 제안한 사람도 말해줘 봐. 내가 들어줄게.

언니 상공업 중심의 개혁안을 제시한 사람으로는 박지원이 있어. 박지원은 기존의 상공업을 천시하는 전통적인 가치관을 극복하고 경제적 실리를 추구할 것을 주장했어. 특히 상인의 지위와 역할을 재평가했어. 박지원은 상공업 활성화가 경제 발전의 핵심이라고 보았어. 또, 청나라 여행을 통해 관찰한 사회적, 경제적 제도를 기록한 책『열하일기』를 출판했는데, 청나라의 상공업을 보고 이를 조선에 도입할 필요성을 강조했어.

도담 박지원~ 알지. 유명한 사람이잖아. 근데, 언니 나를 이
렇게 힘들게 하는 실학은 어떤 영향을 미쳤어?

언니 고작 실학으로 힘들어하면 어떡해? 실학은 조선 후기
사회에 다양한 개혁을 촉진했어. 또 이후에 근대적 학
문과 사회 개혁에 기초가 되었지. 실학은 근대적 사고
도입을 통해 사회적 변화를 이끌며, 오늘날에도 중요한
학문적 유산으로 평가받고 있어. 그래서 우리가 한국사
시간에 실학을 배우는 거야. 이제 알겠니?

세도정치 __ 조선 왕실의 잃어버린 60년

도담 언니, 나 심심해! 역사 얘기해주라~.

언니 네가 모를 만한 얘기가 뭐가 있지? 내가 세도정치 얘기
　　를 해줬었나?

도담 안 해줬어! 세도정치가 뭔데?

언니 세도정치는 왕의 외척 세력, 음……. 쉽게 말해서 왕의
　　외가나 처가 쪽 사람들이 왕 대신 정권을 잡고 나라를
　　다스리던 정치를 말해.

도담 왜 엄마 친척들이 정치를 해? 왕은 그걸 가만히 놔뒀어?
　　지금 대통령은 난데 내 외할아버지랑 외삼촌이 나 대신
　　대통령인 것처럼 행동했다는 거 아냐.

언니 잘 이해했네. 이제 어떻게 외척 세력이 정권을 잡게 됐
　　는지 말해줄게. 정조가 죽고 나서 순조가 열한 살의 어
　　린 나이로 왕위를 물려받게 됐어.

도담 열한 살? 왕이 되기엔 너무 어린 나이 아니야?

언니 맞아, 어렸지. 그래서 어린 순조 대신 대왕대비가 된 정순왕후가 대신 정권을 잡았어. 정순왕후는 영조의 부인으로 순조에겐 증조 할머니격이었던 사람이지. 정순왕후가 정치에서 손을 뗐을 때도 순조의 나이는 겨우 열다섯 살. 나랏일을 하기엔 여전히 너무 어렸지?

도담 그랬네.

언니 그래서 정조의 사위, 순조에겐 장인 어른이었던 김조순이 대신 정치를 하게 됐어. 그런 김조순을 시작으로 안동김씨 집안이 정치에 우르르 개입하게 돼. 안동김씨 집안은 왕보다 높은 권력을 잡았고 거의 허수아비나 마찬가지인 왕 대신 정치를 했어. 김씨네가 세도정치를 하는 동안 백성들의 삶은 고통 그 자체였대.

도담 왜?

언니 '삼정'이라고 들어봤어?

도담 고기랑 같이 먹는 쌈장은 들어봤어! 크크크.

언니 어이, 장난치지 말고. 삼정은 숫자 '3'에 정사 '정'으로 국가의 재정을 운영할 때 중요했던 세 가지 세금 제도를 말해. 백성들이 소유한 땅에 부과하는 세금인 '전정', 군대를 안 가는 대신 베로 짠 옷감인 군포를 내는 '군정', 먹을 게 없을 때 곡식을 빌려줬다가 추수할 때 이자를 처서 갚게 하는 '환정(환곡)'까지.

도담 아~ 그래서, 그 삼정이랑 백성들 삶이 힘든 거랑 무슨 상관이야? 내가 볼 땐 삼정이라는 거 꽤 괜찮은 제도 같은데.

언니 세도정치의 시작과 함께 이 삼정이 문란해졌거든. 정권을 잡은 안동김씨 집안에 잘 보이려는 관리들이 뇌물을 바치기 위해 백성들을 괴롭혔던 거야.

도담 어떻게 괴롭혔는데?

언니 우선 관리들은 토지가 척박해서 백성들이 생산물을 수확할 수 없는 곳에도 토지세인 전정을 매겨서 세금을 받아냈어. 또, 아직 군대에 갈 나이가 되지 않은 어린아이나 이미 죽은 사람에게도 군정을 부과해서 군포를 받아냈나 봐. 다산 정약용이 지은 「애절양」이라는 시에 군정의 문란으로 인한 참상이 아주 잘 드러나 있지! 심지어 실화래. 마지막으로 삼정 중에서도 백성들을 가장 힘들게 했던 환정! 원래는 이건 필요한 사람들만 곡식을 빌려 가면 되는 거였는데, 이자 소득이 있으니까 관리들이 강제로 빌리게 하거나 허위로 장부를 꾸몄나 봐. 사람들은 필요하지도 않은, 빌리지도 않은 환곡에 대해 엄청난 이자를 내야 했지. 이 삼정의 문란 때문에 백성들의 삶은 더 고통스러워진 거지.

도담 나쁜 놈들!

언니 순조가 죽고 나서 순조 아들 헌종이 즉위했는데 그때 헌종 나이가 몇이었게? 힌트를 주자면 헌종은 순조보다 어린 나이에 왕이 됐어.

도담 순조가 열한 살에 왕이 됐다며! 근데 그 순조보다 더 어렸다고? 그럼 열 살?

언니 땡. 정답은 여덟 살이야. 열한 살이었던 순조도 힘이 없었는데 여덟 살이 무슨 힘이 있었겠어. 헌종은 반평생 허수아비 왕으로 살다가 스물셋이라는 젊은 나이에 일찍 세상을 떠났어.

도담 그러면 다음 왕은 누가 해? 헌종한테 아들이 있었어도 엄청 갓난아기였을 거 아냐.

언니 헌종은 아이가 없어서 왕위를 이을 사람이 없었어. 안동김씨 세력은 세도를 계속 이어가고 싶어서 일부러 정치에 대해 아무것도 모를 것 같은 사람을 찾기 시작했어. 그렇게 헌종 다음으로 왕이 된 게 강화도 도령 철종! 철종은 왕족이지만 강화도에서 농사지으며 살고 있었어. 그러다가 세도 가문의 눈에 띄어 졸지에 왕이 된 거야.

도담 그 사람은 무슨 죄야. 원래 삶도 잃어버리고 허수아비
　　로 살아야 하잖아.

언니 맞아. 그렇게 허수아비 왕을 앞세운 세도정치가 계속됐
　　어. 철종 역시 아들이 없어서 안동김씨들은 철종이 죽
　　으면 다음 왕으로 누굴 올릴지 고민했어. 그러다가 왕
　　족 출신 이하응을 보게 돼. 평소 행실을 보니 별로 권
　　력 욕심도 없어 보이고 다루기 쉬운 사람이라 생각했나
　　봐. 그래서 철종 다음으로 이하응의 아들 고종을 왕으
　　로 올려. 그게 세도정치의 끝이야.

도담 응? 갑자기? 순조, 헌종, 철종 때까지 잘 활동하던 안동김
　　씨들이 갑자기 세도정치를 끝내게 돼? 이해가 잘 안 돼.

언니 아들이 왕이 되면서 이하응도 흥선대원군이라는 호칭
　　을 받게 되었어. 이하응은 어린 아들 대신 정책 결정권
　　을 행사할 수 있게 됐고, 세도정치의 고리를 끊기 위해
　　나랏일을 결정하는 높은 자리에 있던 안동김씨들을 대
　　부분 몰아냈어.

도담 아~. 그래서 세도정치가 약해지면서 사라졌겠네!

언니 또, 양반들에게도 세금을 걷어 백성들의 세금 부담을
　　줄여줬대. 곡식을 저장하고 백성들에게 대여하는 일을
　　백성들이 직접 하게 하는 사창제를 실시하면서 지방 관

리가 횡포를 부리는 걸 막아주기도 했다고 들었어.

도담 헐! 흥선대원군 '짱'이다! 더 얘기해줘!

언니 나도 더 얘기해주고 싶긴 한데. 사실 이 부분은 아직 학교에서 안 배웠어! 헤헤.

도담 궁금한데. 언니 학교에서 흥선대원군 배우면 나한테 꼭 알려줘야 해? 약속!

언니 약속!

강화도조약 _ 평온했던 하늘이 무너지고

도담 언니. 강화도조약에 대해 들었는데 1도 모르겠어.

언니 언니가 설명해 줄게.

도담 알잘딱깔센*해서 중요한 부분 순서대로 알려줘!

언니 일본은 조선 정부의 허가 없이 강화도로 운요호를 보냈
　　어. 조선은 운요호가 접근하자 경고 포격을 했지. 이 사
　　건으로 일본은 영종도에 군대를 보내서 약탈과 살인을
　　했어.

도담 남의 해안에 들어오고 공격도 해? 이거 맞아?

언니 일본은 자신들이 일으킨 운요호 사건을 계기로 1876년
　　1월 30일 조선에 군함과 전권대사를 보내 협상을 강요
　　했어.

도담 아니, 지들이 잘못한 거였잖아!

---

* '알아서 잘 딱 깔끔하게 센스있게'라는 뜻이다.

언니 그치. 이런 무력시위에 조선은 어떻게 반응했을까?

도담 싸워야지! 아니야, 미래를 위해서는 안 싸운 게 좋아 보일지도.

언니 고민됐겠지. 반대하던 흥선대원군과는 달리 고종은 다른 외교 정책을 썼어.

도담 오! 자식과 아빠의 입장이 다르네?

언니 사실 그동안 조선은 병인양요와 신미양요 등 서양 세력의 접근으로 많은 고생을 했어. 그래서 서양 세력보다는 이미 알고 있는 구면인 이웃 나라 일본을 통해 문호를 개방하는 것도 나쁘지 않다고 생각했어. 그래서 1876년 2월 27일 강화도조약을 맺었어.

도담 강화도에서 맺어서 강화도조약인 거야?

언니 그렇지. 근데 사실 강화도조약을 가리키는 명칭은 여러 개야. 한일수호조약, 병자수호조약, 조일수호조규 등등.

도담 이름이 많구나. 조약의 내용은 어땠어?

언니 강화도조약은 외국과 맺은 최초의 근대적 조약이었지만, 지금 보면 불리한 조건이 엄청 많았어.

도담 처음부터 계속 이기적이네.

언니 근데 예전에는 조공, 책봉을 많이 했으면서 왜 일본은 조약을 하자 했을까?

도담 조공, 책봉이랑 조약은 같은 내용이 아니야?

언니 조공 책봉과 조약의 다른 점은 조공, 책봉은 너랑 나의 관계라 생각하면 돼. 위아래가 있는 관계를 말해.

도담 그럼 조약은 뭐야? 조약은 뭐가 달라?

언니 조약은 동등한 관계야. 그래서 일본은 조선을 자주국이라고 해서 청의 간섭을 없애려고 했어.

도담 뭐 치사해. 청의 간섭을 없애려고 자주국이라고 한 거야? '킹받네.* 어떤 조항들이 있어?

언니 일본인이 조선에서 죄를 지어도 조선의 법과 재판에 의해서가 아니라 일본 영사에게 재판받게 하는 영사 재판

---

* 엄청 열받네 라는 뜻이다. 어떤 일을 강조하고자 할 때 '킹(king)'을 붙여 쓰곤 한다.

권 조항이 있었어. 일본국 영사는 조선에서 죄를 지은 자국민에게 솜방망이 처벌을 했을 수도 있을 거 같아.

도담 '로마에서는 로마법'이란 말도 몰라? 왜 한국에서 한국법을 안 따르는 거야! 바보야? 그것도 모르냐고! 왜 조선법으로 안 해!

언니 이게 다가 아냐. 일본이 조선의 해양을 측정할 수 있었던 해양 측량권도 조약에 포함되어 있었지.

도담 뭐야? 왜 남의 나라 해안선을 조사하고 난리야. 군사 기밀 아닌가?

언니 그치. 해안선에 대한 정보는 군사적으로 중요한 정보이지. 당장 이순신 장군도 해안의 지형 정보를 가지고 해전에서 승리했으니까. 이걸 일본에 별 생각없이 너무 손쉽게 넘겨준 거야. 조약 체결 당시에는 일본 선박이 안전하게 조선을 드나들 수 있도록 나름 배려해준 것이라고 생각했을 수도 있어.

도담 또 어떤 게 있어?

언니 일본 상인이 자유롭게 무역 활동을 할 수 있게 항구 3곳 개항하기도 했어. 개항된 항구에서 일본 상인은 관세 없이, 쌀을 무제한으로 구입해서 자국으로 가지고 갈 수 있었지. 조선은 쌀 부족으로 백성들의 삶이 점차 궁금해졌고.

도담 너무 슬프다. 백성들은 너무 혼란스러웠을 것 같아.

언니 맞아. 그래서 강화도조약 이후 사회적, 경제적 혼란이
가중되었어.

도담 조선 정부 반응은 어땠어?

언니 조선 정부도 혼란 속에 조약을 개정하기 위해 애썼던
것 같아. 그래서 나중에 다른 나라들과 체결하는 조약
에는 일부 개선된 내용이 들어가기도 했지.

의병 __ 나라를 위해 무기 들고 우두다!

도담 오!

언니 뭐야? 뭘 보는데 그런 반응이야?

도담 언니! 나 지금 의병에 대한 다큐 보는 중! 만화 보려고
텔레비전을 틀었는데 의병 이야기가 나와서 보고 있어.
근데 저 사람들 엄청 멋지지 않아?

언니 누구? 의병들을 말하는 거야?

도담 의병? 의병이 누군데? 저 사람이야?

언니 의병은 사람 이름이 아니야.

도담 어? 뭐야 막 김의병, 박의병이 사람 이름이 아니었어?

언니 그럼! 의병은 정의를 위해 자발적으로 조직된 민병으로
유격전을 수행하는 비정규군을 뜻해. 국가가 나서서 조
직한 정규군이 아니란 말씀!

도담 아하, 군인이구나.

언니 앞장서서 정의를 외친다는 창의군으로 불리기도 했어. 임

진왜란과 병자호란 같은 왜적의 침략에 맞서기 위해 자발적으로 민간 무장 조직을 구성해서 활동하기도 했어.

도담 임진왜란이랑 병자호란 이외에도 의병이 활동한 적이 있을까?

언니 응, 을미의병, 을사의병, 정미의병에도 참여했어!

도담 오! 하나하나 설명해 줘!

언니 쉽게 설명해 줄게! 먼저 을미의병! 을미의병은 1895년에 명성황후가 일본 공사 미우라에 의해 시해된 을미사변과 단발령을 계기로 일어난 조선 말기 대규모 항일 의병 운동이야.

도담 명성황후라면 나도 알아.

언니 오? 누군데?

도담 고종의 부인 아니야? 흥선대원군과는 다르게 열심히 다른 나라랑 외교하려고 했던 사람 아닌가?

언니 으음, 거의 맞지. 외교활동에 힘쓴 사람 중 하나야.

도담 그런데 단발령은 또 뭐야? 남자든 여자든 다 칼단발로 잘라라, 뭐 이런 건가?

언니 이름만 들으면 우리가 생각하는 그 단발로 생각할 수 있지만 여기서 단발령은 성인 남성에게 상투를 자르게 한 명령이야.

도담 오, 그래서? 그래서 어떻게 된 거야?

언니 단발령과 같은 일본인들의 행패를 의병들은 두고만 볼
수 없었던 거야. 그래서 의병들은 일본군을 공격하고,
단발령에 반대하는 시위를 하기 시작했지. 이는 전국
적으로 퍼져나갔는데 특히 충청도, 전라도, 경상도에서
활발하게 일어났어.

도담 솔직히 유교 사회 조선에서 상투를 자르는 건 진짜 아
니지.

언니 맞아, 너무했어. 그래서 의병들은 일본군과 치열하게
전투했어. 몇몇 의병들은 게릴라 전술을 사용하여 일본
군과 관군을 공격했고 이들로 인해 많은 의병이 승리를
거두게 되었지.

도담 뭐? 고릴라 전술? 그건 또 뭐야?

언니 고릴라가 아니라 게릴라야. 게릴라 전술은 적의 뒤나
측면을 소규모의 부대가 기습 공격함으로써 적을 혼란
시키는 전술이야. 하지만 단발령이 철회되고 고종이 해
산을 권고하면서 을미의병은 끝났지.

도담 고종 뭐야. 해산권고라니. ㅠㅠ.

언니 그렇게 막을 내렸지만, 일본의 침략에 맞서 싸운 민중
의 강인한 의지를 보여주었어. 또 이후에 일어난 항일

운동들에도 많은 영향을
주었으니 나쁘지 않지?

도담 그렇지! 아까 을미의병 뒤
또 다른 거 말하지 않았
나? 뭐였지 그.

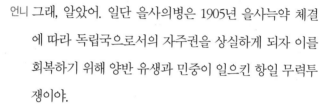

언니 을사의병?

도담 응, 맞아. 그 뒤에 정미의병까지 설명해 줘!

언니 그래, 알았어. 일단 을사의병은 1905년 을사늑약 체결
에 따라 독립국으로서의 자주권을 상실하게 되자 이를
회복하기 위해 양반 유생과 민중이 일으킨 항일 무력투
쟁이야.

도담 을사늑약? 아 뭐였지. 이름은 많이 들어봤는데!

언니 을사늑약? 을사늑약은 1905년 일본이 대한제국을 협박
해서 체결한 조약이야.

도담 일본 아까 앞에서도 그러더니 이때 좀 너무했네. 을사
의병은 앞선 의병에 비해 특별한 점이 있어?

언니 아! 이때는 신돌석과 같은 평민 의병장이 주도하였다는
점이 특별하지. 기존 의병장들은 대체로 양반 유생이었
거든.

도담 아하! 근데 을사늑약 체결 이후에도 계속 국가 위기가

왔던 것 같은데?

언니 맞아. 일본은 1907년 6월 일어난 헤이그 특사 사건을
빌미로 고종을 폐위하고 아들 이척을 순종으로 즉위시
켜 허수아비로 삼았어.

도담 헤이그 특사 사건? 헤이그는 사람 이름이야?

언니 아니! 헤이그는 네덜란드의 도시 이름이야. 고종은
1907년에 네덜란드 헤이그에서 개최된 제2회 만국평화
회의에 특사를 파견하여 일제에 의해 강제 체결된 을사
늑약의 불법성을 폭로하고 한국의 주권 회복을 열강에
호소하고자 했지.

도담 오~, 고종 좀 하는데?

언니 근데 뭐 일본의 방해로 특사들은 회의장에 들어가지도
못했대. 이 일이 빌미가 되어 고종이 폐위된 거야. 이외
에도 정미7조약을 강제하여 한국 통치권 대부분을 빼
앗았고, 대한제국 군대마저 해산시켜 대한제국을 완벽
히 무력화시켰어.

도담 정미7조약은 또 뭐길래 힘들게 만드는 거야?

언니 1907년 일제가 우리나라의 주권을 빼앗기 위해 강요한
조약인데, 한일신협약이라고도 불러. 일본인 차관을 대
한제국의 각 부서에 배치하고자 했지.

도담 그렇구나. 참, 군대도 해산되었다며. 해산된 군인은 실업자 된 거네?

언니 맞아. 그래서 1907년, 그간 있었던 일본의 고종 강제 퇴위, 정미칠조약 강제 체결, 군대 해산 등에 반발하여 또 한번 의병이 일어나게 되었어. 이 의병에는 다양한 세력이 참여했는데 해산된 군인도 참여했어.

도담 이번엔 승산이 좀 있겠는데?

언니 해산군인이 합류했으니 조직력이나, 무력 면에서 기대해볼 만했지. 이인영을 중심으로 13도 창의군이 결성되었고 경기도 양주에서 집결해 서울 진공작전을 계획했지만 실패하고 말았지. 이후에도 호남 지역 등 여러 곳에서 의병의 항일투쟁 계속 이어졌어.

도담 그래도 계속 저항이 터져 나오니 일본이 쉽지 않겠다 생각했겠는걸? 항일투쟁이 계속 이어졌어?

언니 맞아. 그래서 일본은 1909년 9월부터 2개월간 호남 지역에서 의병을 대대적으로 체포, 학살하는 남한 대토벌 작전을 펼쳐서 의병운동의 뿌리를 뽑고자 했어.

도담 아, 왠지 무기도 조직도 일본이 우세했을 거 같아.

언니 그치. 정미의병은 규모와 전력 면에서는 을사의병과는 비교할 수 없었지만, 첨단 무기 등으로 무장한 일본 군대를 대적할 수는 없었던 것 같아.

도담 안타깝다.

언니 남한 대토벌 작전 이후로 국내에서는 당분간 의병운동
이 이어지기 어려워졌지. 그래도 우리 선조들은 포기하
지 않았어. 이제 만주 등 국외로 넘어가 독립운동이 본
격적으로 펼쳤어. 이건 다음번에 좀더 자세하게 설명해
줄게.

동학농민운동 __ 농민들의 봉기를 외국 세력으로 진압했다고?

도담 학교 선생님이 백성들이 봉기한 사건을 조사해서 발표
하래. 언니가 하나만 알려주라.

언니 어휴, 알았어. 음~, 뭐가 좋을까? 아! 동학농민운동이
있네.

도담 동학농민운동? 동학농민운동이 뭐야?

언니 동학농민운동은 조선 후기의 대표적인 농민 봉기야.

도담 농민? 농사짓는 사람 아니야? 농사짓는 사람들이 왜 봉
기를 일으켰어?

언니 맞아. 농민들은 농사짓는 백성들을 말해. 농민들은 높
은 세금과 토지 소유 문제로 심각한 경제적 어려움을
겪었어. 그리고 지방 관리들의 부정부패와 착취가 심해
지면서 농민들의 삶이 어려워졌고, 외세의 간섭과 개항
으로 인해 전통사회 구조가 흔들리며 농민들의 불안이
커져갔어.

도담 조만간 뭔가 터질 거 같다? 임술농민봉기때처럼?

언니 맞아. 1894년, 드디어 농민들이 실력 행사하기 시작했어. 고부 지역 농민들은 나쁜 정치를 펼치던 군수를 공격하며 봉기를 일으키게 되었어.

도담 멋있다. 용기가! 나라면 '끽' 소리 못하고 그러려니 할 거 같은데. 이쯤에서 나 궁금증! 근데 농민들은 어떤 사회를 바라고 봉기를 일으킨 거야?

언니 아마 이때는 억압적이고, 불평등한 체제를 타파하고, 평등과 정의가 실현되는 사회를 이루고자 했던 거 같아.

도담 평등과 정의가 실현된 사회라 아직 우리나라도 완전히 실현되지 않은 사회네. 그나저나 농민들은 어떻게 뭉친 거야?

언니 누군가는 구심점 역할을 하면서 농민들에게 용기를 불어넣었어. 바로 동학군 지도자들이지. 전봉준과 같은 사람들 말이야.

도담 그렇구나. 참, 사발통문이란 게 있던데. 그건 또 뭐야?

언니 사발통문은 사발 모양으로 이름을 적은 거야. 고부 봉기 전에 전봉준을 중심으로 대략 20명의 농민 지도부들이 동학교도들에게 돌려서 이름을 적었어. 이렇게 적으면 주도한 자가 누구인지 쉽게 찾을 수 없거든. 사발통문에는 고부군수 조병갑을 처단한다는 내용을 포함해서 농민과 관의 대대적인 전쟁을 의미하는 이야기들이 쓰여있어.

도담 지도자를 처벌하기가 전보다 어려웠겠네. 그럼, 동학농민운동이 어떻게 전개되었어?

언니 고부봉기, 1차 봉기, 전주화약, 2차 봉기, 우금치전투 순으로 전개되었어.

도담 언니 그렇게 간단하게 말고 더 자세히 알려줘. 나 발표해야 한다니까?

언니 알았어. 고부군수 조병갑의 횡포에 맞서 전봉준이 이끄는 농민들이 고부에서 봉기를 일으켰어. 고부 봉기 처리를 두고 농민에 대한 압력이 가해지자 농민들은 다시 봉기했고(1차봉기), 파죽지세로 승리해가며 전라도의 중심! 전주성을 점령했어.

도담 이야, 멋지다. 정부에서도 좀 무서웠겠는데?

언니 맞아. 농민들의 봉기가 점차 격해지자, 조선 정부는 청에 도움을 요청했어.

도담 고작 농민들의 봉기에 정부는 외국 군대를 끌어들인 거야? 나라 꼴이 말이 아니네.

언니 그치. 어쨌든 조선 정부의 요청에 청은 조선을 도와주기로 결정했어. 근데 청은 이전에 일본과 맺은 톈진조약 때문에 군대를 조선에 보낼 경우 일본에 연락하기로 되어 있었지. 그래서 동학군 진압을 위해 출병할 때 일본에다가 조선에 군대를 보낸다고 통보했어.

도담 뭔가 '쎄'하다?

언니 촉이 좋네. 맞아. 일본도 덩달아 조선에 군대를 보내겠다고 했대. 그런데 동학군은 이런 것을 원한 게 아니었거든. 부정부패만 뿌리 뽑으려고 했던 건데 졸지에 외국 군대를 맞이하게 된 상황. 껄끄러웠지. 그래서 동학군들은 청과 일본 군대를 조선에 들어오지 못하게 하려고 정부와 급하게 전주화약을 체결하고 철수했어. 출병 명분을 없애려고 한 거야.

도담 청이나 일본, 둘 다 쉽게 물러서지 않을 거 같은데? 이때다 싶어서 조선에 영향력을 미치려고 할 거 같은데 왜지······.

언니 오. 눈치가 빠른데? 예상대로 전주화약을 체결한 후에도 일본군은 조선에 출병했고 경복궁까지 점령했어. 그리고 조선 앞바다에서 청과 전쟁을 시작했어. 청일전쟁이야.

도담 동학군들은 일단 전주화약 후에 철수했지? 근데 이 상황 너무 걱정되겠는데?

언니 맞아. 동학군들은 나라에 위기가 닥쳐오자 이번엔 나라를 지키기 위해 2차 봉기를 일으켰어. 그러나 동학군은 첨단 무기로 무장한 일본군과 조선 정부 연합군의 상대가 되지 못했어. 우금치전투에서 패하며 동학농민운동은 막을 내리게 되었어.

도담 아쉽다. 그럼, 언니 너무 복잡하긴 한데……. 그래도 한마디로 정의하자면 동학농민운동은 어떤 사건인 거야?

언니 반봉건, 반외세를 추구한 사건이라고 딱 정의할 수 있을 것 같은데?

도담 반외세는 알겠는데 반봉건은 뭐야?

언니 쉽게 말하자면 기존의 나쁜, 옛날 관습들을 없앤다는 개념이야.

도담 그럼 동학농민운동은 어떤 영향을 미쳤어?

언니 너 갑오개혁은 아니? 동학농민운동은 갑오개혁에 영향을 줬어. 농민들의 요구와 행동은 조선 사회에 큰 충격을 주어 이후 사회 변혁의 기반이 되었어. 또 반외세 의식을 강화해 이후 독립운동에도 영향을 미쳤어.

도담 갑오개혁? 나중에 찾아봐야겠다. 언니 동학농민운동의 주요 인물들도 소개해야 하니까 알려줘.

언니 그래 나중에 찾아봐. 동학농민운동의 주요 인물로는 동학농민운동의 지도자로 고부 봉기를 주도하고 1, 2차 봉기를 이끈 전봉준이 있어. 전봉준과 함께 동학농민군의 주요 지도자로 활동한 손화중, 김개남, 동학의 2대 교주로 사상적 지도력을 제공한 최시형도 주요 인물이라고 할 수 있어.

도담 어! 전봉준? '한국을 빛낸 100명의 위인들'에서 들어봤어.

언니 나중에 그 노래 다시 들어봐.

도담 알았어. 나중에 다시 들어봐야겠다.

갑오개혁 __ 낡은조선을새롭게만들다

도담 언니! 나 오늘 학교에서 갑오개혁 배웠는데. 알려줄까?

언니 그래, 한번 설명해 봐.

도담 앗싸! 오늘은 내가 선생님이다~! 동학농민운동이 일어나고 우리나라엔 개혁의 필요성을 느끼는 사람들이 많아졌대. 그래서 교정청을 설치하고 우리나라만의 개혁을 하려고 했는데 일본이 개혁에 간섭하면서 교정청을 폐지하고 군국기무처를 설치했대.

언니 무슨 말이야? 교정청은 뭐고 군국기무처는 뭔데?

도담 끄응……. 교정청이 교정청이지. 기다려! 검색하고 올 테니까.

언니 도담, 너 제대로 알지도 못하면서 설명하려고 했어?

도담 아니거든. 찾았다! 교정청은 고종 때 조선 내부 정치 개혁을 위해 세워진 임시 관청이래. 또, 군국기무처는 일본과 청이 청일전쟁을 하게 되면서 일본이 우리나라에 설치한 관청인데, 정치나 군사에 대한 일은 거의 다 여기서 했대!

언니 그래, 그렇다고 치고. 이제 계속 설명해 보셔, 도담 선생.

도담 그래! 군국기무처가 설치되면서 1차 갑오개혁이 실시됐어! 1차 갑오개혁에서는 조선의 낡은 제도를 개편하는 데에 중점을 뒀대. 그래서 과거제가 폐지되고 왕실의 사무를 담당하는 궁내부가 생겼어. 그리고 노비제를 없애면서 신분제도가 사라졌고 모든 세금은 특산품이나 옷이 아닌 화폐, 돈으로 내게 했어! 그리고, 그 일찍 결혼하는 거?

언니 조혼?

도담 그래, 조혼! 그리고 잘못을 하면 그 사람의 친척까지 벌을 주는 연좌제, 그 밖에 심한 고문 같은 걸 없앴어!

언니 그게 1차 갑오개혁이야? 그 정도만 해도 충분히 큰 개혁 같은데, 2차 갑오개혁까지 할 필요가 있었나?

도담 음……. 상황이 바뀌었거든. 1차 갑오개혁 땐 청일전쟁이 일어나서 일본이 전쟁에 신경을 쓰느라 조선에 개입을 못 했는데 전쟁에서 일본이 승리하면서 본격적으로 조선에 간섭하게 돼! 그래서 2차 갑오개혁이 실시된 거야!

언니 그래? 그럼 2차 갑오개혁에선 뭘 했는데?

도담 홍범14조를 반포했어! 그리고 근대적 재판소도 설치했
고, 지방제도도 정비했대.

언니 홍범14조가 뭔데?

도담 개혁의 방향을 밝힌 문서로 고종이 발표했어. 자! 이게
홍범14조의 내용이야! 언니가 한번 읽어봐.

홍범14조

제1 청국에 의존하는 생각을 끊고 자주독립의 기초를 세운다.

제2 왕실전법을 작성하여 대통의 계승과 종실, 척신의 구별을 밝힌다.

제3 국왕이 정전에 나아가 정사를 친히 각 대신에게 물어 처리하되, 왕후, 비
빈, 종실 및 척신이 간여함을 용납치 아니한다.

제4 왕실 사무와 국정사무를 분리하여 서로 혼동하지 않는다.

제5 의정부와 각 아문의 직무 권한의 한계를 명백히 규정한다.

제6 부세(세금의 부과)는 모두 법령으로 정하고 명목을 더하여 거두지 못한다.

제7 조세 부과와 징수 및 경비 지출은 모두 탁지아문에서 관장한다.

제8 왕실은 솔선하여 경비를 절약해서 각 아문과 지방관의 모범이 되게 한다.

제9 왕실과 각 관부에서 사용하는 경비는 1년간의 예산을 세워 재정의 기초를
확립한다.

제10 지방관 제도를 속히 개정하여 지방관의 직권을 한정한다.

제11 널리 자질이 있는 젊은이를 외국에 파견하여 학술과 기예를 익히도록 한다.

제12 장교를 교육하고 징병제도를 정하여 군제의 기초를 확립한다.

제13 민법 및 형법을 엄정히 정하여 함부로 가두거나 벌하지 말며, 백성의 생명
과 재산을 보호한다.

제14 사람을 쓰는 데 문벌을 가리지 않고 널리 인재를 등용한다.

언니 홍범14조에 따르면 왕 마음대로 나랏일을 할 수 없었겠
네? 2차 개혁도 나쁘지 않은데?

도담 2차 갑오개혁은 좋은 내용도 많긴 한데 일단 일본에 우호
적인 박영효와 같은 인물을 앉혀서 개혁을 추진하게 했
고, 아무래도 1차 개혁 때만큼 자유롭진 않았던 것 같아.
행정제도도 일본 스타일로 바꾸게 하기도 했다고 해.

언니 그럼 그런 갑오개혁에 한계점은 없었어?

도담 갑오개혁은 낡은 조선의 제도를 근대적으로 바꾸는 데
큰 영향을 미쳤어. 근데……, 말했다시피 일본의 입김이
좀 들어가 있어서 이 근대적인 변화가 온전히 우리 힘
으로 이뤄낸 게 아니라는 점? 일본의 침략 의도도 일부
반영되었던 것 같아. 군사 제도 개혁이 약간 아쉽거든.
그게 아마 갑오개혁의 한계인 것 같아.

언니 도담, 너 제법이네? 곧 나보다 한국사 잘하게 되는 거
아니야?

도담 꺅~! 쑥스러우니까 저는 이만 자러 갑오개혁! 으하하!

대한제국시대

독립협회 __ 독립협회와 독립신문

도담 신문이 어떻게 독립을 해?

언니 넌 그 머리로 독립을 할 수 있긴 하니?

도담 너무해. ㅠㅠ.

언니 《독립신문》은 1896년 4월 7일에 발간된 한국 최초의
민간 신문을 말해.

도담 누가 만들었는데?

언니 독립협회와 개화파 내각의 합작으로 만들어졌어.

도담 독립협회?

언니 서재필을 중심으로 자주독립을 추구하는 목적으로 만
들어진 단체야.

도담 아하!

언니 신문이라는 매체를 이용한 게 참 인상적이지 않아?

도담 그러게. 근데 그때 사람들이 글자를 다 알긴 아나?

언니 《독립신문》은 우리나라 최초의 순한글 신문이잖아.

훈민정음해례본에도 나와 있는 것처럼 '한글'은 한자를 모르는 백성들로 쉽게 익혀 쓸 수 있도록 한 문자야. 부녀자와 하층민들도 조금만 공부하면 신문을 읽을 수 있었어.

도담 아! 들어본 것 같아. 분명 독립신문은 영문 버전도 있댔지?

언니 맞아. 해외 국가들에도 조선의 상황을 알리기 위해 서재필 박사는 《독립신문》의 영문판도 제작했어.

도담 정말 대단하다! 만약 독립협회의 상황을 현실에 적용한다면 어떤 매체를 통해 알릴 수 있을까?

언니 나는 SNS를 통해 겪고 있는 일에 대해 세계인들과 공유하는 것이 효과적일 거라고 생각해.

도담 음, 맞는 말이야.

언니 최근 러시아-우크라이나 전쟁에서도 세계인들이
#StandWithUkraine #PrayForUkraine와 같은 해시태
그를 활용하여 SNS 시위를 한 적이 있어.

도담 들어봤어. 이스라엘-팔레스타인 전쟁에서도 SNS를 통
한 영상 공유로 백린탄 의혹이 화제가 되기도 했었지.

언니 맞아. 그래서 SNS를 활용해 보는 게 괜찮을 것 같다고
생각한 거야.

도담 나도 동의해.

광무개혁 __ 옛것을 근본으로 새것을 받아들이자

도담 언니 나 궁금한 게 있는데 물어봐도 돼?

언니 물어봐.

도담 아니 조선에서 대한제국으로 바뀐 이유가 뭐야? 처음엔
왕이 바뀌면서 제국이 된 줄 알았는데 조선의 마지막
왕 고종이 대한제국의 황제라며?

언니 아, 그래. 대한제국이 어쩌다 조선이 대한제국이 된 건
지 궁금하다는 거지?

도담 응!

언니 고종은 아관파천 이후 약 1년 만에 러시아 공사관에서
경운궁으로 돌아왔어. 돌아온 고종은 환구단에서 하늘
에 제사를 지내고 황제 즉위식을 열어 대한제국 수립을
선포했어. 왜 그랬게?

도담 모르겠는데. 일본을 피해서 러시아 공사관으로 도망갔
던 사람이 돌아오자마자 황제가 되겠다고 선포한 이유

가 뭐야?

언니 나라는 일본에 마구잡이로 휘둘리고 있고 이 상황에 왕은 다른 나라로 도망까지 갔어. 이때 조선의 위상이 얼마나 떨어졌겠어? 고종은 대한제국의 수립을 선포함으로써 떨어졌던 나라의 위상을 높이고 개혁을 추진할 힘을 얻고 싶었던 것 같아.

도담 그럼 연호를 '광무'로 바꾼 이유는 뭐야? 연호는 원래 임금이 즉위한 그해에 새로 붙이잖아. 고종은 똑같이 고종인데.

언니 고종이 대한제국의 황제로 새로 즉위했으니까. 뭔가 리프레쉬(refresh)하고 싶었던 거 같기도 하고. 그리고 연호를 독자적으로 쓴다는 것 자체가 청과의 사대관계를 청산한다는 것이기도 하고.

도담 그래서 진짜 대한제국은 자주성을 회복한 거야?

언니 당시엔 어려운 일이었어. 대한제국을 수립한 이후에도 다른 나라의 이권 침탈이 끝나지 않았어. 특히 아관파천 이후 조선에 영향력을 키운 러시아가 많은 요구를 했었대. 러시아는 심지어 우리나라의 섬인 절영도*를 자

---

* 절영도: 부산광역시 남쪽 해안에 있는 작은 섬. 해상 교통의 측면에서 핵심적인 역할을 한다.

신들의 석탄고 기지로 사용하게 해달라고 요구하기도
했어.

도담 뭔 말도 안 되는 소리야, 그게?

언니 독립협회도 이런 요구에 엄청 화가 나서 만민공동회를
열어 온 국민에게 이런 만행들을 알렸어. 사실을 안 국
민은 일본에 뺏겼던 석탄고 기지를 돌려달라고 소리쳤
고 러시아의 절영도 사용을 강하게 반대하는 목소리를
냈어. 국민의 반발이 강해지니까 러시아와 일본도 한
발 뒤로 물러났대. 일본은 석탄고를 돌려주기로 했고
러시아도 절영도 사용의 꿈을 접었어.

도담 역시 백지장도 맞들면 낫다는 속담이 사실이네.

언니 원래 국민만 참여했던 만민공동회는 시간이 지나면서
정부 관리들까지 참여하는 관민공동회로 발전했어.

도담 오~. 관료들도 이제 만민공동회 오는 거야?

언니 맞아. 1898년 10월, 종로에서 관민공동회가 열렸어. 독
립협회는 관민공동회에서 나온 의견들을 모아 '헌의6
조'를 작성했어. 관리와 백성이 함께 국정을 운영하자는
내용을 담은 이 '헌의6조'는 고종에게 전달되었고, 처음
엔 고종도 이걸 받아들이려고 했대.

도담 받아들이려고 했대? 그럼, 결국 안 받아들였다는 거야?

언니 응, 국민이 뽑은 대표가 나라를 이끌게 하자는 의견을 본 고종은 독립협회가 황제권을 위협한다고 생각했어. 그래서 즉시 독립협회의 해산을 명령했지.

도담 고종, 아쉽네. 뭣이 중한지 모르고. 독립협회가 없어졌는데 이제 나라의 자주 국권은 누가 챙기나?

언니 이제 남은 건 고종밖에 없지 뭐. 내친김에 고종은 황제권 강화에 주력했어. 1899년에 대한제국 국가의 체제를 담은 법을 발표했지.

도담 그 헌법이 혹시 '대한국국제'야?

언니 맞았어. 황제가 대한제국의 군대 통솔권, 입법권, 행정권, 외교권 등의 권한을 가진다는 내용을 담았어. 국가의 체제를 담고 있다는 측면에서 헌법과 같은 문서라고 할 수 있어.

도담 이 시기에 황제가 모든 걸 쥐는 게 맞는건가? ㅜㅜ.

언니 전세계적으로 보통 이 시기는 참정권을 확대해나가는 시기인데 개혁의 주체가 황제일 때는 어쩔 수 없이 자기 권한을 많이 챙기려고 했을 거 같아. 그래도 국권을 세우려고 노력은 했어. '오래된 것을 근본으로 삼고 새로운 것을 참고하자'라는 의미의 '구본신참'을 원칙으로 삼고 광무개혁을 시행했어.

도담 광무개혁은 뭔데?

언니 고종의 연호인 '광무'를 따서 이름을 붙인 건데, 이 광무 개혁 때는 '원수부'를 설치해서 황제가 직접 군대를 통솔할 수 있게 했고 토지 조사를 실시해서 국가의 재정을 확보했대. 이때 일부 지역에서는 토지 소유권을 증명하는 문서인 '지계'를 나눠줬어. 그뿐만 아니라 공장, 회사, 은행을 설립해서 상공업을 발전시켰고 다양한 인재를 양성하기 위해 학교를 세우고 학생들을 외국으로 유학 보내기도 했어. 또, 이때 서양의 기술을 적극 도입해서 전화, 철도, 전차 등이 조선에 새로 생겨났대.

도담 광무개혁 때 뭔가 많이 발전했네!

언니 그렇지. 아무래도 황제가 각잡고 추진하니까 그동안 관료들이나 지식인들이 중심이 된 개혁에 비해서는 잘 진행되었어.

도담 난 고종의 구본신참 원칙이 마음에 들었어. 옛것을 근본으로 삼으면서도 새로운 것을 참고하고 수용할 수 있다는 게 멋있지 않아?

언니 맞아. 난 도담이도 이런 사람이 됐으면 좋겠어. 본래의 도담이의 모습을 잃어버리지 않으면서도 새로운 것을 받아들이는 걸 너무 두려워하지 않았으면 해.

을사늑약 __ 조약인가 늑약인가

언니 도담이 너 조약이랑 늑약의 차이점이 뭔지 알아?

도담 몰라. 둘이 같은 거 아니야?

언니 달라. 조약은 양쪽 합의로 맺어진 약속이고, 늑약은 억
지로 맺어진 조약이라는 뜻이거든. 그럼, 오늘은 을사
조약 이야기를 해줄 테니까 듣고 나서 이게 조약인지
늑약인지 한번 생각해 봐.

도담 을사조약? 어디서 들어는 본 것 같은데.

언니 러일전쟁에서 러시아를 이긴 일본은 이토 히로부미를
대한제국에 특사로 파견해서 새로운 조약을 체결하려
고 했어. 이 조약에서 일본은 대한제국이 일본의 보호
국이 되어 일본의 보호를 받아야 한다고 주장했어. 고
종은 일본의 보호가 필요하지 않다며 거절했지.

도담 그래야지! 말이 보호지 사실상 이것저것 간섭하겠다는
거 아냐?

언니 고종이 자신들의 제안을 거절하자 일본은 군대를 동원해서 대한제국의 대신들을 불러냈어. 고종이 없는 자리에서 일본은 대신들에게 조약을 체결할지 말지 물어봤대. 몇몇 대신들은 조약 체결에 강하게 반대했는데 이 조약 체결에 찬성하는 대신들도 다섯 명이나 있었어.

도담 을사오적……?

언니 오, 알고 있네?

도담 그 정도는 알지! 이완용, 이지용, 권중현, 이근택, 박제순. 맞지?

언니 맞아, 이 다섯 명은 권력에 눈이 멀어서 조약에 찬성했고, 일본은 대한제국 대신들의 의견대로 하자며 조약을 체결시켰어. 그렇게 대한제국의 외교권이 일본에 넘어간 거야.

도담 말도 안 돼! 황제의 허락이 없었는데 고작 대신 다섯 명이 동의했다고 그런 말도 안 되는 조약을 체결해도 되는 거야? 이건 완전 억지로 맺은 조약이지!

언니 그래, 이건 늑약이야. 원하는 대로 조약을 체결한 일본은 서울에 '통감부'라는 통치 기구를 설치하고 이토 히로부미를 초대 통감으로 임명했어. 이제 대한제국의 외교랑 정치에 일본이 자유롭게 간섭할 수 있게 된 거야.

도담 말도 안 돼! 전해 듣는 나도 이렇게 화가 나는데 직접 겪은 대한제국 사람들은 얼마나 분할까!

언니 네 말대로 을사늑약의 체결 소식을 들은 대한제국 국민들은 크게 분노했어. 을사오적을 처형하고 조약을 폐기해달라고 외쳤지. 언론인 장지연은 ≪황성신문≫을 통해 을사늑약의 부당함을 알리는 글, 「시일야방성대곡」을 발표했어. 고종도 을사늑약이 무효라고 주장했대. 그런데도 일본은 침략 계획을 멈출 생각이 없었고 안타깝게도 대한제국은 일본에 외교권을 빼앗겨 국제사회에서 독립국으로서 주권을 행사하기 어려운 처지가 되었지.

도담 진짜 을사오적 나쁜 놈들! 고작 자기 이익 때문에 조국을 그렇게 쉽게 배신할 수 있어?

언니 유익한 얘기 들려줬으니까 앞에 있는 과자 내가 더 많이 먹어도 되지? 내가 언니이기도 하니까~.

도담 뭐야 그런 게 어딨어! 부당해! 이건 늑약이야!

애국계몽운동 __ 실력을 키워 빼앗긴 권리를 되찾자!

도담 언니, 나라를 사랑하는 마음을 애국이라 한대. 애국가
　　는 나라를 사랑하는 마음을 담은 노래인가?

언니 어, 맞아. 애국가의 의미는 나라를 사랑하는 노래야. 애
　　국가 생각하니까 애국계몽운동이 생각난다.

도담 애국계몽운동? 그게 뭐야?

언니 애국계몽운동은 교육과 산업 등을 통해 국민의 실력을
　　키워 빼앗긴 권리를 되찾고 독립을 보전해 가자고 하는
　　사회 운동이야.

도담 우리 권리가 빼앗겼다고? 애국계몽운동을 추진할 때 어
　　떤 일이 일어난 거야?

언니 그때는 외세의 침략이 점점 거세졌어. 이걸 민족 위기라
　　고 보는 사람들도 생겨났지. 그래서 이러한 민족의 위기
　　를 우리 민족의 힘으로 극복해야 한다는 의식이 높아졌
　　어. 이에 따라 교육과 산업을 발전시켜 부국강병을 이루

어야 한다는 주장을 내걸고 지식인들이 앞장서서 국민을 계몽시키는 애국계몽운동을 펼쳐나가기 시작했어.

도담 다른 나라는 도대체 왜 자꾸 우리나라로 슬금슬금 들어와서 우리를 못살게 구는 거야? 근데 언니, 애국계몽운동의 사상적 바탕이 된 주장도 있어?

언니 있지. 애국계몽운동은 사회진화론과도 연관이 있는 것 같더라.

도담 사회진화론? 사회가 진화해? 사회진화론이 뭐야?

언니 너, 그냥 진화론은 알아? 사회진화론은 사회적인 발전을 찰스 다윈의 진화론에 빗대어 설명한 이론이야. 허버트 스펜서가 주장한 사회진화론은 적자생존과 자연선택 개념을 사회에 적용하여 사회도 마치 생물처럼 발전하고 변화한다고 보는 이론이야.

도담 과학과 사회와 연결된 역사라니 머리 아프다. 언니, 애국계몽운동을 추진한 단체는 무엇이 있어? 그 단체들의 활동도 함께 알려주라.

언니 주요 단체로는 우선 보안회가 있어. 보안회는 일제의 황무지 개간권 요구를 반대하는 운동을 했어. 헌정 연구회는 입헌 군주제 수립을 통한 민권 확대 운동을 진행하고, 일진회를 규탄하다 해산되었어. 대한자강회는 전국 각지에 지회를 설립하고, 강연회를 개최했어. 고종 황제의 강제 퇴위에 반대하다 해산되었어.

도담 흐어엉. 도담이 머리는 이미 꽉 찼어······.

언니 집중해! 가장 중요한 단체는 신민회야. 신민회는 국권 회복과 공화정체의 국민 국가 건설을 목표로 만들어진 비밀단체야. 대성, 오산 학교를 설립하였고, 자기 회사를 설립하고, 태극서관 등 상공업 육성을 통한 민족 자본을 형성했어. 또 해외에 독립군 기지, 집단 한인촌 등을 건설하기도 했지. 근데 안타깝게도 일제가 조작한 105인 사건으로 해체되었어.

도담 많은 단체가 있었네. 언니 애국계몽운동의 의의도 알려줘.

언니 애국계몽운동은 교육운동과 계몽운동으로 인해 일반 민중의 실력을 높이고 민족의식을 강화하는 성과를 거두었고, 이는 이후 민족해방운동의 밑바탕이 되었다는 점에서 높이 평가받고 있어. 또, 민족운동이 나아가야 할 방향으로 국권 회복과 함께 근대적 국민 국가 건설을 제시했다는 점에 큰 의의가 있어.

도담 그럼 한계점도 있어?

언니 물론 한계점도 있지. 당시 애국계몽운동을 주도했던 계몽운동가와 지식인들은 대체로 사회진화론을 수용해

당시 시대를 생존경쟁과 약육강식의 시대로 인식했어. 이러한 인식을 바탕으로 국권 회복 방식으로 실력 양성을 채택했지만, 일부는 국권 상실의 원인을 제국주의적 침탈이 아닌 대한제국의 실력 부족 문제로 파악하여 일부 계몽운동가들은 일제에 타협하는 방향으로 나아가기도 했다는 점을 한계점이라고 말할 수 있어.

도담 아. 프레임을 벗어나지 못했구나. 침략하는 국가가 나쁜 건데 그런 상황조차 어쩔 수 없다고 받아들여 버렸으니. 설명 고마워.

한국사를 알고 싶은 친구들에게!

벌써 다시 인사를 할 시간이 왔네. 도담아, 너와 함께 한국사의 다양한 이야기를 나눌 수 있어 정말 기뻤어. 한국사에는 수많은 고난과 영광, 그 속에서 빛나는 사람들의 이야기가 담겨 있어. 그들의 삶을 통해 우리는 많은 것을 배울 수 있고, 지금의 우리가 있기까지 얼마나 큰 노력을 기울였는지 알 수 있지.

책 속에서 우리가 만난 수많은 인물 중에는 왕과 장군, 학자들이 있었어. 그들은 각자의 자리에서 최선을 다해 역사를 빛냈지. 어떻게 보면 그들은 삶에 최선을 다한 것일 수도 있겠다. 역사 속에는 이름 없는 수많은 사람의 삶도 있어. 그 모든 사람의 희생과 노력이 있었기에 오늘의 우리가 있을 수 있다고 생각해. 그래서 우리는 그들의 삶을 기억하고, 그들의 정신을 이어받아야 해.

한국사는 긴 세월 동안 많은 변화를 겪었어. 고대부터 현대까지, 각 시대마다 다양한 인물과 사건들이 우리 역사를 만들어왔지. 선사시대의 움집에서부터 시작된 우리 이야기는, 삼국시대, 고려시대, 조선시대를 거쳐 대한제국에 이르기까지, 우리는 끊임없이 도전하고 극복해 왔어.

이 책의 마지막 개념은 애국계몽운동이야. 그 후에도 끊임없이 많은 역사적 사건이 있었어. 독립운동과 광복, 한국전쟁, 민주화의 과정을 겪으면서 우리는 그 연장선에서 더 나은 미래를 향해 나아가고 있다고 생각해.

우리가 함께 나눈 이야기가 너에게 작은 영감이 되면 좋겠어. 앞으로도 우리 민족의 역사에 대해 더 많이 배우고, 그 지식을 바탕으로 너의 꿈을 키워나가길 바라. 우리의 역사는 아직 끝나지 않았고, 너는 지금도 너만의 역사를 만들어 나가고 있으니까. 너의 열정과 노력으로 너만의 역할을 하리라 믿어.

함께해줘서 정말 고마워. 누군지는 모르겠지만, 너와 함께한 이 시간이 우리에게는 정말 소중한 추억이야. 언젠가 너도 다른 사람에게 한국사 이야기를 들려줄 날이 오게 될 거야. 그때, 오늘 우리가 나눈 이 이야기가 작은 씨앗이 되어 많은 사람에게 전해지면 좋겠어. 우리의 여정은 여기서 마무리되지만, 성장의 여정은 계속될 거야. 한국사를 더 깊이 이해하고, 그 속에서 우리의 미래를 밝혀나가자.

한국사가 어려운 세상 모든 도담이에게

사랑과 존경을 담아,

언니가

우리는 책을 읽고, '언니가 들려주는 한국사 이야기'를 썼지. 너희들도 읽어 보면 더 공부가 될 거야.

꽃 할머니 | 권윤덕 | 사계절 | 2010

이 책은 '일본군 위안부'라는 무거운 주제를 어린아이들도 이해하기 쉽게 풀 어낸 그림책이야. 할머니들의 상처를 풀어낸 방식이 신선하고 독창적이라 조금 놀랐어. 한국사의 중요한 순간들을 더욱 깊이 있게 탐구하고 이를 후 대에 알리고 싶다고 생각하게 되었지. 역사적 사실을 바탕으로 하되 읽는 사람이 누구든 쉽게 이해할 수 있는 책을 만들고 싶다는 마음에서 『언니가 들려주는 한국사 이야기』를 쓰게 되었어.

국보, 역사의 명장면을 담다 | 배한철 | 매일경제신문사 | 2020

국보를 통해서도 한국사를 알 수 있다는 사실 아니? 우리 책에는 국보에 관 한 이야기가 없잖아. 혹시 국보에 관해서 궁금하면 이 책을 읽어보는 걸 추 천할게. 『국보, 역사의 명장면을 담다』에는 대한민국 대표 국보 47점에 관 해 적혀 있어. 이 책에는 국보 47점이 만들어질 때부터 오랜 세월을 살아내 며 각각의 국보가 지니고 있는 이야기들이 아주 상세하게 적혀 있어. 국보 에 관한 배경과 그 시대에 중요한 순간들을 통해 한국의 문화와 역사를 깊 이 있게 알 수 있을 거야. 다양한 사진들이 함께 수록되어 있어 시각적으로

도 풍부한 경험을 할 수 있어. 누구나 국보에 대해 잘 이해할 수 있도록 쉽게 쓰여 있어 읽기에 어렵지 않을 거야.

청소년을 위한 한국사 | 백유선 외 2인 | 휴머니스트 | 2014

이 책은 한국사 공부를 시작하는 사람들을 위해 만들어진 책이야. 청소년들이 재미있고 가볍게 한국사를 접하기를 바라며 청소년의 호흡과 시선, 눈높이에 맞추어 책을 작성하기 위해 노력하셨대. 복잡한 역사적 사실을 간단하고 흥미롭게 설명해서 한국사의 흐름을 쉽게 파악할 수 있게 서술되어 있어. 또, 이 책의 큰 특징으로는 책의 곳곳에 그림이나 만화, 사진 등 보조자료와 보조 설명이 많이 있는 것을 볼 수 있는 거야. 글로만 읽으면 지루해지고 이해하기 어려울 수도 있잖아. 보조자료들이 곳곳에 있어서 이해하기 쉽고, 더 흥미롭게 책을 읽을 수 있을 거야. 지루하지 않고 쉬운 역사책을 찾고 있다면 이 책 한번 읽어봐!

인물로 읽는 라이벌 한국사 | 김갑동 | 애플북스 | 2015

우리 책에는 대한제국의 애국계몽운동까지 적혀 있잖아. 그 후 이야기가 궁금하다면 이 책을 추천할게. 이 책은 삼국시대부터 현대사까지 적혀 있어. 같은 시대 속에서, 혹은 같은 상황 속에서 서로 다른 선택을 했던 인물 총 28명을 라이벌 구도로 만들어 서술되어 있는 책이야. 각 인물의 삶과 업적,

갈등 등을 통해 역사적 사건이 어떻게 전개되었는지 생동감 있게 서술되어 있어. 인물을 중심으로 서술되어 있으면서도 지루하지 않게 다른 입장인 2인을 비교하며 적혀 있기 때문에 새로운 시각으로 흥미롭게 책을 읽을 수 있을 거야. 이 책은 총 14장으로 구성되어 있는데, 1장이 끝날 때마다 '생각해보기'로 우리의 생각을 물어봐. 그저 읽는 것에서 끝나지 않고 그 상황에 대해 깊이 있게 생각해보는 시간을 가질 수 있어. 기존의 역사책과 다른 역사책을 찾고 있다면 이 책을 시도해 봐도 좋을 것 같아.

역사 선생님도 궁금한 101가지 한국사 질문사전 | 박래훈 외 8인 | 북멘토 | 2021
8개 대주제와 101개 소주제로 이루어진 이 책은 한국사의 주요 흐름을 심층적으로 탐구하는 데 도움을 주더라. 선사시대부터 대한민국의 발전까지 시대적 흐름을 중심으로 구성되어 있어. 그 속의 소주제들은 해당 시대의 중요한 역사적 사건들을 담고 있어. 단순한 지식 전달을 넘어, 다양한 질문으로 한국사를 공부하다가 가졌을 법한 호기심을 풀어주고 우리 역사를 더 다양한 측면에서 바라보게 해. 그 중 「08. 왜 나라를 세운 사람들은 알에서 태어났을까요?」와 「31. 9성을 개척한 윤관이 처벌을 받았다고요?」 등 한국사 교과서에서 잘 다루지 않는 내용을 읽을 땐 마치 숨겨진 역사의 내용에 대해 새롭게 알아가는 기분을 느낄 수 있어 좋았어. 뜬금없지만 한 가지 재미있었던 사실은 책의 저자 중 한 분이 우리 학교 역사 선생님이었다는 것이지. 평소에도 수업 시간에 교과서엔 없는 역사 속 뒷이야기를 많이 들려주시는데 수업하실 때 열정을 책 속에서도 볼 수 있어서 개인적으로 굉장히 신기하고 재미있었어.

절반의 한국사 | 여호규 외 9인 | 위즈덤하우스 | 2021
"남북 분단 이후 대한민국에서는 북쪽의 역사가 점차 잊혔다. 이 책을 통해 우리 역사의 절반을 차지했으면서도, 분단 상황 이후 우리에게 잊혔던 북쪽의 역사에 대한 관심이 다시 일어나기를 기대한다." 저자 중 한 분인 신병주 교수님이 쓴 머리말의 일부야. 이 책은 우리가 절반만 알고 있던 역사 뒤에 숨겨진 진실과 그에 대한 다양한 시각을 제시하며, 보다 균형 잡힌 한국사를 이해할 기회를 줘. 서경 천도 운동, 홍경래의 난 등 북쪽에서 일어난 역사를 중심으로 서술해 주는데, 늘 남쪽의 시선에서만 바라보던 역사를 북쪽의 시선에서 바라보니 새롭고 신선하다는 생각이 들었어. 책을 읽으며 북쪽의 역사가 우리가 살아가는 현재와 어떻게 연결되어 있는지를 고민해 보고, 기존에 가졌던 역사에 대한 편견을 깨고 역사에 대한 풍부한 이해를 도모하게 되는 재미를 느낄 수 있었어.

한 컷 한국사 | 조한경 외 9인 | 해냄에듀 | 2022
전근대부터 개항기, 일제강점기를 거쳐 현대까지 4개 대주제로 이루어져 있으며, 그 속엔 145개 소주제와 중요한 역사적 사실들이 담겨있어. 주제를 대표하는 사진과 한편의 짧은 글로 구성되어 있는데, 덕분에 어려웠던 한국사를 쉽고 간단하게 이해할 수 있었지. 책 속에는 교과서에서 쉽게 접하지 못했던 흥미로운 이야기들도 포함되어 있어서 읽을 때 새로운 사실을 하나씩 알아가는 재미도 있어. 복잡한 사실들을 단순하고 직관적으로 이해할 수 있게 해주는 책이라고 생각해. 특히, 어린이와 청소년들이 역사를 자연스럽고 친숙하게 느끼고, 중요한 사건들을 재미있게 배울 기회를 제공한다는 점에서 우리가 만들고자 하는 '쉽고 재미있는 역사책'을 구상하는 데 큰 도움을 주었지.

글쓴이

최은서 호기심 많은 고3. 궁금한 것도, 하고 싶은 것도 너무 많다. 작가가 되어볼 수 있다는 소리에 무작정 출판 프로젝트에 도전했다. '나 잘 할 수 있겠지?'라는 스스로에 대한 믿음 반, 의심 반으로 시작한 글쓰기 활동. 첫 출판이라 모든 게 어렵지만, 이 분야 전문가인 사서쌤과 역사쌤의 도움으로 출판에 대해 알아가고 있다.

서영지 꼼꼼하고 섬세한 고3. 한국사 공부가 어렵다는 걸 잘 알기에 후배들은 조금 더 쉽고 재밌게 공부했으면 하는 마음으로 역사책 만들기에 도전했다. 긴 글을 쓰는 게 처음이라 막막했지만, 무한 열정으로 막막함 극복! 금방 적응해서 나중엔 책의 프롤로그와 에필로그까지 맡아서 작성했다. 수많은 시행착오를 겪으며 하루하루 성장하는 중.

박지아 중마고등학교 3학년. 문학과 철학, 역사서의 친구. 새로운 지식을 탐구하며 소화하는 것이 최애 활동. 하지만 혼자서는 너무 어렵다! 이해하기 위해 맥락을 알고 모두와 함께 페이지를 채웠다. 최근 고민은 시간이 너무 빠르다는 것.

방서희 중마고 3학년. 재미있어 보이는 일이 있으면 슬그머니 다가가 기웃댄다. 결국 출판 프로젝트에도 한 자리 들여놓았다. 세계 각국의 독립서점에 방문해 보는 것이 인생 목표.

방소연 노는 게 제일 좋은 고3. 작가라는 말에 멋져 보여 무작정 프로젝트에 참가하게 되었다. 무작정 참가했지만 활동에 흥미를 갖게 되어 즐거워하는 중. 최종 목표는 돈 많은 백수! 지만 앞으로 어려가지 일을 도전해 보고 싶다. 곧 있으면 어른이 된다는 사실에 어른이 되기에는 아직 준비가 안 된 거 같고 더 놀고 싶어 고민이다.

이준 중마고등학교 3학년 학생. 평소에 조용하다. 역사를 좋아한다. 이 프로젝트에 참여하고 싶어 참여했다. 독서와 출판에 대해 알아가는 중이다.

정다빈 중마고등학교 3학년 학생. 고3이라고 딱히 공부를 하는 건 아니지만 주변에서 공부하는 분위기라 따라서 학업 스트레스 받음. 아직도 장래희망 수시로 바뀜. 최근엔 흑백요리사 심사위원이 꿈이었음. 이 책에서는 글도 쓰고 일러스트 작업도 했다. 선배된 도리가 없다. 표지도 후배 그리라고 시킴(완전 잘 그림). 그래도 그림 그리는 건 좋아함. 삽화 일부와 간지를 그림.

정윤지 중마고 1학년 학생. 해보고 싶은 게 많아서 찾아보다가 책 써보는 활동에 지원해서 한 부분을 맡아 글을 썼다. 해보고 싶은 거 하면 해보고 싶은 게 줄어들 줄 알았는데 더 생겨버려서 큰일이다.

박가람 중마고등학교 1학년 학생. 태어나길 내향인 중에서도 내향인이다. 그림 그리느라 공부와는 영 거리가 먼 인생을 살다가 최근 성적의 위기감을 느끼고 공부 중. 여전히 영양가 없는 생각을 즐긴다. 이 책에서 표지와 삽화를 그렸다. 최근 취미는 한국 신화 읽기, 고민은 사람 이름을 잘 못 외우는 것.

이끔이

김영옥 중마고등학교 역사교사. 투머치토커. 수업 시간에 너무 많은 말을 한다. 가끔 이래도 되나 싶을 정도로 폭주한다. 학창시절에 '왜 역사 교과서에 나온 문장들이 이렇게 불친절하지?'라는 생각을 많이 했다. 인과관계가 잘 이해 되지 않았다. 역사교사가 되고 난 후 문장과 문장 사이에 빠진 맥락을 알아내고 채워넣어 학생들이 알기쉽게, 이해할 수 있게 설명하려고 애쓰는 중.

황왕용 중마고등학교 사서교사. '관종'인 듯. 학생들에게 관심 받고 싶어서 다가가려고 노력한다. 이래저래 노력하다 상처받기도 하고, 학생들에게 위로를 얻기도 한다. 사서 고생하는 교사다. 쓴 책으로는 『괜찮아, 나도 그래』『급식체 사전』『궁금하지만 물어보기엔 애매한 학교도서관 이야기』 등이 있다.

감수

서금열 중마고등학교 교장. 후배 교사가 자꾸 일을 시킨다. 학생들이 쓴 책이 있으니 감수를 해달라고! 바쁜 시간을 쪼개 검토를 하고 있노라면 빨리 해달라고 재촉하는 김영옥, 황왕용 선생님 덕분에 오랜만에 긴장감을 느꼈다. 다행히 역사를 전공해서 도움이 될 만한 내용들을 조언했다고 생각한다. 의미있고 즐거운 작업이었다.